LEADING LADIES

Baton Rouge, 2-8-2006

To my dear, dear friends
Miguel and Jane:
  I think about you often,
I miss you always.
          Love,
          Yvonne.

LEADING LADIES

Mujeres en la literatura hispana y en las artes

EDITED BY

YVONNE FUENTES

AND

MARGARET R. PARKER

Louisiana State University Press   Baton Rouge

Published by Louisiana State University Press
Copyright © 2006 by Louisiana State University Press
All rights reserved
Manufactured in the United States of America
FIRST PRINTING

Designer: Barbara Neely Bourgoyne
Typeface: Quadraat
Printer and binder: Edwards Brothers, Inc.

LIBRARY OF CONGRESS CATALOGING-IN-PUBLICATION DATA

Leading ladies : mujeres en la literatura hispana y en las artes edited by Yvonne Fuentes
and Margaret R. Parker.
  p. cm.
  Includes bibliographical references.
  ISBN 0-8071-3082-6 (cloth : alk. paper)
  1. Spanish literature—Women authors—History and criticism. 2. Spanish American literature—Women authors—History and criticism. 3. Women in literature.
I. Fuentes, Yvonne. II. Parker, Margaret, 1941–
PQ6055.L43 2006
860.9′3522—dc22

                                                                        2005018819

"In this society, we have been conditioned to be what people want us to be. We—as individuals
—are afraid to be individuals. That's because American society, which is based on democracy,
is actually not so open-minded when it comes to new ideas or different races. And, as human
beings, we all know that; therefore, many of us have the terror of demasking ourselves. Most of
us would rather die than let someone really know us . . . perhaps, because of the fear of rejection
or a lack of awareness. So we live a 'so-so' life: never being ourselves; sleeping and wearing our
daily masks; always afraid of being awakened."
    —SORAIDA MARTINEZ, commentary on jacket illustration, *The Terror of Demasking Oneself*

CONTENTS

PREFACE

The role of women in Hispanic literature and art has become increasingly dynamic as both male and female writers have interrogated conventions and as more and more women writers and artists have collaborated in their own representations. Static and formulaic images have given way to lively and original portrayals and interventions, which the contributors to this volume examine using a variety of critical strategies. The following essays are in Spanish and English; they are by Hispanic and non-Hispanic scholars who initially responded to an invitation to address the theme "La mujer hispana en la literatura y las artes/The Hispanic Woman in Literature and the Arts" at a conference held at Louisiana State University during the 2004 Mardi Gras season. Participants on thirty panels presented their work and engaged in extensive discussion and dynamic interaction. Of the essays submitted in response to an invitation to participate in this book project, twelve were selected on the basis of quality of content and exposition. To the considerable delight of the editors, the process yielded an impressive diversity of genres and periods studied, of areas of the Hispanic world represented, and of critical approaches to texts, as well as an equal number of essays in Spanish and English.

Inspired perhaps by the Mardi Gras context, many of the authors make reference to masking and unmasking, transgression, and inversion, activities common to Carnival and to revisionist assessments of the representation of women. The essay by the distinguished Spanish novelist and literary critic Marina Mayoral, presented as a conference keynote address, serves as an eloquent introduction to our book. She traces the representation of the beloved woman in Spanish lyric poetry from the Middle Ages to the present, focusing on four moments in which gifted artists unmask and transgress established norms for female verbal portraiture, thereby achieving a measure of authenticity. The fourteenth-century poet Juan Ruiz transforms the inherited classical descriptive paradigm by introducing elements from the Islamic tradition and the dynamic detail of eye contact between the protagonist and the pursued woman. Three centuries later, Lope de Vega rearranges elements of a static formula to lend verisimilitude to the description of the beloved woman and dares to describe the ravages of time and disease using what Mayoral labels *"detalles terribles,"* which the poet skillfully renders beautiful. In the eighteenth century, Juan Meléndez Valdés suffuses traditional descriptive elements with a vital hedonism. The static mouth of the woman becomes a voice, and strongly erotic content is masked by references to nature. In the twentieth century, the image of the beloved woman is even more fully humanized and individualized in the poetry of Pedro Salinas. He extols the joys of the (preferably horizontal) flesh, and kisses abound. The authors studied by Mayoral resist the weight of tradition and manifest their subjectivity.

Like Mayoral, the authors of the essays that follow have identified moments and works in which significant changes in female roles and images occur. Resistance to the dominant paradigm takes several forms, which we describe as "Masking and Unmasking: (Re)Constructing the Past and Present," "Spaces: Metaphorical, Poetic, Inverted, and Transgressed," and "Remakes and Updates: Parody, Duality, Original, and Copy." The studies in Part 1 explore interrogations of the past that lead to unmasking strategies. The first essay studies the tension between the pressure of tradition and the desire for individuality, described by Mayoral in the context of nineteenth-century Cuban and Mexican societies. Amy Robinson invites the reader to unmask national imagery that silences the voices of women such as Cecilia Valdés and Carmen, which are labeled "illegitimate" in order to create a false appearance of harmony. Vilma Navarro-Daniels shows how Carmen Martín Gaite, a female writer who is both historian and novelist, unmasks the false dichotomy between fiction and history by thematizing it. The main character in Martín Gaite's *Lo raro es vivir*, a female doctoral student who attempts to reconstruct the past of two male figures of the eighteenth century, deconstructs the false dichotomy and, in doing so, discovers that the project merges with her process of self-discovery. Lynn Walford's analysis of Mario Vargas Llosa's leading ladies is an exercise in unmasking on several levels. Walford uncovers the prolific Peruvian's ambivalence toward utopian projects, demonstrating that his first female protagonists confront their respective pasts in ways that appear to lead to failure but that in fact suggest strategies that might lead to a more hopeful future.

The three studies in Part 1 highlight the strategies used by one female and three male writers to represent women. In Part 2, four essays deal with female writers who describe the struggle of women to create spaces for themselves. Space is understood not only as a physical locus that binds, restrains, and invites transgression, but also as a metaphorical juncture where multiple voices try to cohabitate. Katherine Ford's essay on Gloria Anzaldúa's *Borderlands/La Frontera* delves into the multiple cross-sections and contradictions found in the bilingual writing of the lesbian and Chicana writer. Ford claims that by choosing to remain in the space "in between," in a space of negation that is neither within the margins nor outside the marginalized space, Anzaldúa's poetry emphasizes the absent element, the other. Similarly questioning the possibility of the narrator's occupation of two language spaces is Julia Carroll's essay on the Puerto Rican writer Giannina Braschi. Carroll posits that the transformation of linguistic and cultural space is evident in the authorial attempt to dislodge Spanish, the mother tongue, from its former position of enclosure. By taking the language onto the sidewalks of the city, Braschi seems to evoke the possibility of more outward communication in the mother tongue.

The third essay, George Thomas's "'Obedezco pero no cumplo': La estética política de la poesía de ocasión de Sor Juana Inés de la Cruz," analyzes the seventeenth-century Mexican writer's manipulation of the celebratory poem genre. Thomas argues that by utilizing this genre, Sor

Juana accessed a specific public—whether the court, the church, or a patron of the arts. However, by inverting its purpose she reinvented a poetic space and used it to her advantage, thus defining her role as a woman writer of the seventeenth century within a new intellectual and poetic space. Next, Alison Tatum-Davis's "Carmen Laforet's *Nada: Up-ward and Outward Bound in Barcelona*" transports us from the poetic and metaphorical spaces of the previous articles into physical spaces as we witness a young woman's coming of age during the Spanish postwar years. The author traces Andrea's upward and outward movement as she goes from the living-room area (no man's/woman's land) to the coveted second floor (destined for the men in the family), and ultimately outside the confined space of the house. By breaking the spatial barriers and advancing in an outward and upward movement, Andrea reaches goals that were previously unattainable, thus progressing toward a cohesive female identity.

In Part 3, women who are firmly established in their own spaces undertake the systematic deconstruction and debunking of myths and models in which the original is no longer desired and fidelity is no longer sought. Remakes, updates, and parodies of paradigms are provocative and invite reaction. The first of the essays, "Los personajes femeninos en *Los crímenes extraños* de Alfonso Sastre: Una reflexión sobre la cultura es-pañola de la democracia," delves into Sastre's latest dramatic creations, referred to as *comedia compleja*. Mónica Jato posits that Sastre's parody of subgenres (detective, mystery, porn, thriller) is not meant as a parody of the background texts, but as a mechanism to make more palatable his criticism of contemporary Spanish society, a society that has succumbed to American cultural imperialism and commodification. Jato explores three female characters from Sastre's trilogy *Los crímenes extraños*—Pepita Luján, Penélope Marías, and Maritza Rosales—and their dramatic func-tions within the social and cultural context that Sastre wishes to de-nounce.

The next essay studies the collaborations of scriptwriter Paz Alicia Garcíadiego and film director Arturo Ripstein. In their deconstruction of macho paradigms of Mexican melodramas and subversive redeployment of stock figures of the genre, gender is a significant component. Caryn Connelly claims, however, that while the films may be remakes of Mexican Golden Age film classics, Garcíadiego and Ripstein's objective is not to seek fidelity and reinforce the original values but rather to critique the current system of gender differences. These are then exposed as a masquerade or performance. The parody stems precisely from utilizing myths of the Mexican melodrama (the family, the patriarch, the maternal figure, the virginal maiden, the macho) and turning them on their heads.

The following two essays take film and art imagery as their starting points and set out to explore how female artists have remade and updated traditional paradigms. Sharon Keefe Ugalde focuses on the gendering of cinema referents in texts written by Spanish women poets born between 1924 and 1953. By applying the theory of the remake, rooted in formulations of intertextuality and feminist revisionism, Ugalde examines the textual strategies utilized by the poets. In her application of the remake model to gendered film imagery in poetry, she posits that the "classic" is the patriarchal construct of Woman (referred to as "the other-from-man") while the "update" affords women (real historical beings) positions of subjectivity. Ugalde claims that by exposing the paradoxical relationship between Woman (the original) and women (the remake)—Marilyn Monroe/Norma Jean and Greta I of Sweden/Greta Gustafson—gender comes under scrutiny.

The fourth essay of this section explores female surrealist artists who also subvert by mocking and parodying the paradigms of aesthetic discourse. Carmen García de la Rasilla introduces the "ready-made," an object that when removed from its context, purpose, or objective invites questioning of its very nature and generates perturbation and anxiety in the spectator. The author affirms that female artists present "women" as ready-made objects, that is, in a nontraditional role, decommodified and/or deconstructed. García de la Rasilla claims that all three surrealist artists in her essay question the images received by their male counterparts by ventriloquizing the male language to distort it, thus proposing an alternate paradigm that prepares the way for the feminine discourse of the twentieth century.

Marina Mayoral, the scholar, introduces this book with an extensive study of the male ideal of feminine beauty throughout the centuries. It is Marina Mayoral the novelist and her female characters who are the subjects of the last contribution. Quite fittingly, our volume closes with an essay titled "El falo: Fascinación y repulsión en tres relatos de Marina Mayoral." Much like a ready-made of the male discourse on feminine beauty, Mayte de Lama utilizes three short stories—"La belleza del ébano," "El dardo de oro," and "Antes que el tiempo muera"—to reveal the fascination and secrets of the great unknown, the male body. The author posits that in Mayoral's narratives, Man is the object of desire and the male body the subject of talk, of repulsion, of pleasure.

In the course of this collective exploration of the role of women in Hispanic literature and the arts, Marina Mayoral and twelve scholars—who range from those just beginning their careers to those who are well established in the field—present a dazzling array of artistic endeavors in which women are of central importance. The leading ladies are women who are objects of the male gaze, women who gaze upon the male body, women who are characters, and women who are writers, painters, and filmmakers. The contributors uncover the strategies used by both male and female writers and artists to unmask conventions, identify spaces, and remake paradigms. Taken together, they offer a panorama that stimulates the senses and challenges assumptions.

The editors acknowledge that their own academic backgrounds and interests may have led them to emphasize certain overall themes at the expense of others in this preview of the collection. The process may have yielded diversity, perhaps excess, but never chaos, and we trust that our readers will find certain connections. We encourage the consideration of alternative ways in which these essays could have been ordered and connected.

Yvonne Fuentes and Margaret R. Parker

ACKNOWLEDGMENTS

A volume like this incurs many debts in the course of its composition. First and foremost, we would like to thank the authors, both for their interest in the topic and for the essays they offered us. In addition, we would like to thank the Spanish Section of the Department of Foreign Languages and Literatures at Louisiana State University, Baton Rouge, for hosting the 2004 meeting of the Louisiana Conference on Hispanic Languages and Literatures, out of which this volume developed. Organized by Elena Castro and Yvonne Fuentes, the conference was cosponsored by the College of Arts and Sciences, the Department of Foreign Languages and Literatures, the Linguistics Program, and the Women's and Gender Studies Program. To them we are grateful. Special recognition must be given to the Consejería de Educación de la Embajada de España; Dirección General del Libro, Archivos y Bibliotecas; Ministerio de Educación, Cultura y Deporte de España; and the Program for Cultural Cooperation between Spain's Ministry of Education, Culture, and Sports and United States Universities for their generous contributions and support.

We are especially grateful to MaryKatherine Callaway, the director of LSU Press, for her enthusiasm for this project and for her perceptive comments and questions in conversations with the editors as the volume was taking shape. Without her vision of a new and broader space that encompasses the multiple voices of the South, the Hispanic world, and the borderlands, this first LSU Press dual-language book would not have been possible.

We are fortunate and thankful for the generous collaboration of the painter, graphic designer, and creator of the *Verdadism* style Soraida Martinez (www.soraida.com). Born in New York City's Harlem in 1956, of Puerto Rican heritage, Ms. Martinez's bold work reflects, in its visual component and written commentary, the aim of this book: to stimulate the senses and challenge assumptions.

LEADING LADIES

Cuatro calas en la imagen de la mujer amada en la lírica española

Juan Ruiz, Lope de Vega, Meléndez Valdés, y Pedro Salinas

MARINA MAYORAL

La imagen de la mujer amada que queda plasmada en poesía depende de las condiciones socioculturales en las que se produce la obra y ha dependido de unos esquemas literarios que se transmiten por tradición. Durante siglos ha habido un modelo femenino, casi inamovible, que procedía de las Retóricas clásicas, que se ha venido repitiendo de unos en otros autores y que más parece la representación de un objeto ideal del deseo que el retrato de un ser humano con rasgos específicos. Ese modelo se fijaba en unas partes del cuerpo amado y eludía referirse a otras, generalmente obedeciendo a criterios de tipo moral.

Dentro de las limitaciones que la religión, las costumbres, el buen gusto, y la tradición literaria imponían a la expresión del deseo, los hombres han gozado, como es lógico, de una mayor libertad. Tendremos que llegar al siglo XX para encontrar cambios importantes en la imagen del cuerpo amado que aparece en la poesía. Los esquemas clásicos se desvanecen y los elementos eróticos cobran importancia y se hacen más evidentes.

Los cambios más llamativos se han producido en la poesía escrita por mujeres. La homosexualidad se ha hecho explícita desde mediados del siglo XX, tanto en la poesía escrita por hombres como por mujeres, presentando unos rasgos específicos en la expresión del cuerpo amado.

Vamos a ir viendo cuáles eran las reglas que condicionaron la representación del cuerpo amado a lo largo de los siglos y cómo los grandes poetas consiguieron modificar el esquema heredado, introduciendo va-

1

riaciones que son expresión de su subjetividad y que consiguen individualizar o al menos humanizar la imagen representada.

La Edad Media

Las descripciones de personas que aparecen en la literatura medieval proceden directamente de los preceptos de los tratados de retórica de la antigüedad clásica. La doctrina contenida en el *De inventione* de Cicerón, la *Rhetorica ad Herennius* de Cornificio, las obras de Quintiliano y Prisciano, y el *Arte Poetica* de Horacio son estudiados y sistematizados por Matthieu de Vendôme y Geoffroi de Vinsauf en la Edad Media y han sido estudiados modernamente por varios autores. Los que mayor difusión han tenido son los estudios de Edmond Faral[1] y de Edgard de Bruyne.[2]

Lo primero que hay que tener en cuenta —señala Faral— es que el retrato medieval no se propone pintar objetivamente la realidad de la persona, sino que, siguiendo el género de la oratoria antigua, del que desciende, lo que pretende es alabar o censurar; es decir, más que la realidad objetiva, lo que transmite es la actitud de simpatía o antipatía del autor ante esa persona.

Son sobre todo los textos de Cicerón y de Horacio los que forman la base de la doctrina medieval, pero lo que en los clásicos eran indicaciones se convirtieron en la Edad Media en reglas intocables. Los escritores de la Edad Media, sigue diciendo Faral, perdieron de vista a los individuos para no considerar sino las categorías en las que estos entraban.

Vendôme prescribía que se aprendiesen de memoria los modelos de descripción para no caer en la tentación de perderse en fantasías personales. "De este modo se van constituyendo figuras convencionales de las que se excluyen los rasgos variados e imprevistos de la realidad. La fórmula impide manifestarse a la vida y, a fin de cuentas, los preceptos de los antiguos se vuelven contra la verdad misma de la que habían proclamado los derechos."[3]

El orden en la descripción de las personas obedecía a un esquema fijado de antemano. Dice Faral, "Para la fisonomía el orden es: el cabello, la frente, las cejas y el espacio que las separa, los ojos, las mejillas y su color, la nariz, la boca y los dientes, la barbilla; para el cuerpo: el cuello y la nuca, los hombros, los brazos, las manos, el pecho, la cintura, el vientre (a propósito del cual la retórica presta el velo de sus figuras a los puntos licenciosos), las piernas y los pies" (80).

La bella dama

Partiendo de las investigaciones de Faral, María Rosa Lida llega a la conclusión de que los retratos de mujer hermosa en la literatura española, desde la Talestrix del *Libro de Alexandre* hasta la Elisa de Garcilaso, están unidos por una tradición ininterrumpida que sigue un esquema que "se forma en la decadencia de la literatura latina y cuyos elementos, orden de enumeración, y expresión estilística (los diminutivos, por ejemplo) repite durante varios siglos la enseñanza retórica."[4] Entre esos elementos, el más constante es el orden de descripción vertical y los cabellos dorados. Este modelo de belleza femenino fue calificado por Italo Siciliano de "resplandeciente e irrompible muñeca rubia," aludiendo a los cabellos de oro y a la permanencia de la convención.[5]

El investigador americano John K. Walsh señala dos esquemas de retrato de la dama ideal, procedentes ambos de las descripciones de Helena de Troya. Uno de ellos, que consiste en una descripción vertical y una secuencia fija de rasgos físicos (es la descrita por Faral), aparece en textos medievales latinos desde los cuales se incorporaron esos elementos a la literatura española. Así puede verse en el poema "Description d´Hélène" citado en el *Ars Versificatoria* de Vendôme, o en la descripción de la misma dama que aparece en la *Historia destructionis Troiae*, de Guido de Colonna.

El otro esquema, que encontramos sobre todo en el Renacimiento, procede también de las descripciones de Helena y consiste en una lista de cualidades, agrupadas en series de tres, que ella poseía y que debe poseer una mujer para ser considerada hermosa. El texto del que parten las versiones renacentistas españolas parece ser un poema latino de Francesco Tanzi Cornigero, el editor de los *Triunfos* de Petrarca.[6] La versión española la encontramos en las *Cortes de casto amor* de Luis Hurtado de Toledo,[7] en donde hace la enumeración de las treinta cualidades de la mujer bella:

La mujer que en hermosura
quisiere ser floreciente
treinta cosas sus figura
tenga sin otra mistura
como Helena la excelente.
Tres blancas, tres coloradas
tres negras, y tres pequeñas
tres cortas, tres prolongadas
tres gordas y tres delgadas
tres anchas y tres cenceñas;
Blanco el cuero y el cabello
de rubio con blancos dientes
negras las cejas y el vello
que es puesto en el bajo sello
los ojos negros prudentes.
Coloradas las mejillas
labios y uñas de las manos
pequeñas tetas sencillas
cabeza y nariz chiquillas
que hazen rostros galanos.
Cortos pies: cortas orejas
cortos dientes y muy bellos
largas manos y parejas
largo cuerpo no de viejas
largos y limpios cabellos.
Gordas piernas y el quicial
y gordas assentaderas
delgado el cabello igual
delgados dedos sin mal
delgados labrios sin eras.
Anchas espaldas y pecho
anchas cejas a lo llano
estrecha boca en su hecho
cintura y el cinto estrecho
con el varco estrecho y sano . . .

Es evidente, pues, que existen unos esquemas y una tradición que parte de la retórica, pero no se puede concluir que todo sea tradición y que no haya en esos esquemas resquicios por los que pueda colarse la realidad y el gusto individual de un autor; incluso parece lógico pensar que el genio individual puede cambiar el esquema y dar lugar con su cambio a una nueva tradición.

Tan evidente como la existencia de una tradición y unos esquemas me parece el hecho de que los grandes artistas modifican, transforman y, en ocasiones, hacen saltar las reglas recibidas, convirtiendo la descripción del ser amado en la expresión de un sentimiento o de una visión personal. El primer ejemplo claro de transformación de un esquema heredado nos lo proporciona Juan Ruiz en el *Libro de buen amor*. El retrato de la dama que aparece en los consejos que don Amor le da al Arcipreste para escoger mujer conveniente ha sido estudiado e interpretado magistralmente por Dámaso Alonso en "La bella de Juan Ruiz, toda problemas."[8] Dámaso rebate las opiniones del erudito francés Félix Lecoy,[9] que consideraba la descripción "absolutamente trivial y conforme a la regla enseñada en las escuelas" (301–2).

En la misma línea de Lecoy van las investigaciones de Lida, que mantiene que "salvo detalles nimios" el retrato del arcipreste coincide con los que ofrecen el *roman courtois*, y que el retrato de María Egipcíaca, el de la Elisa de Garcilaso, o la Dulcinea cervantina están unidos por "una sucesión ininterrumpida" (122–23).[10] Lida no ve indicios de originalidad alguna en los retratos del *Libro de buen amor*. En la misma línea, Roger M. Walker llega a decir que los retratos de mujeres no interesan al Arcipreste porque son estáticos, y lo que le interesa es la acción y su manera de hablar.[11]

Por el contrario, la conclusión del estudio de Dámaso es que el esquema clásico reproduce un orden lógico (cuando queremos describir a una persona solemos empezar diciendo si es rubia o morena) y por ello es aceptado de forma natural por el narrador o poeta. Pero, por lo que se refiere a los elementos enumerados, defiende que Juan Ruiz introduce seis partes ajenas a la lista clásica y sigue un orden personal en la enumeración, colocando los elementos que quiere destacar en los puntos rítmicos de mayor intensidad. En cuanto a los rasgos de belleza de la dama, varios no pertenecen a la tradición occidental sino a la árabe, como son los dientes "apartadillos" y los labios "angostillos" (que son lo que Lida considera detalles nimios). A ellos hay que añadir las "enzías bermejas" y, por lo que se refiere al cuerpo, que sea alta, "ancheta de caderas" (97–98), y que tenga un cuello alto, aunque este último rasgo Lida lo documenta en uno de los ejemplos de Geoffroi de Vinsauf.

Comparto la opinión del ilustre maestro pero, aunque hay que reconocer que los rasgos individualizadores no faltan en esa descripción, también es cierto que todavía en ella se da cierto matiz didáctico. Don Amor está instruyendo a un discípulo y es natural que siga el esquema prefijado de los rasgos que ha de tener la mujer hermosa.

Cuando la poesía se hace más lírica, como es el caso del Retrato de Doña Endrina, el esquema retórico se difumina y lo que el poeta nos da es una visión mucho más personal de una mujer que lo encandila: no respeta el orden clásico de la enumeración y destaca de modo absolutamente subjetivo los rasgos que despiertan su admiración. Lo primero que hay que señalar es que no está haciendo una descripción de la dama, sino transmitiendo la impresión que en él produce su belleza:

> ¡Ay, Dios! ¡Quán fermosa viene Doña Endrina por la plaça
> ¡Qué talle, qué donaire, qué alto cuello de garça!
> ¡Qué cabellos, qué boquilla, qué color, qué buenandança!
> Con saetas de amor fiere cuando los sus ojos alça. (653)[12]

Aparece aquí una situación amorosa que va a repetirse mucho en el Renacimiento aunque con distinto carácter: el paso de la dama, la visión de la amada por parte de un observador que la admira en silencio. Pero lo que posteriormente dará lugar casi a un subgénero dentro de la lírica por la repetición de caracteres siempre idénticos, aquí tiene la vitalidad de la experiencia vivida. Los cuatro versos reproducen las vivencias de un observador que está implicado sentimentalmente en los hechos que cuenta.

Encontramos primero la exclamación que arranca al enamorado la aparición de la dama: "¡Quán fermosa viene!" A continuación enumera siempre con admiración los rasgos que se perciben a cierta distancia: la esbeltez, el donaire, la arrogancia de la figura, y el alto cuello, que es algo que se percibe desde lejos y contribuye a ese donaire y a dar individualidad a la figura.

A medida que la dama se aproxima se fija en detalles que se ven desde más cerca: sus cabellos, su boca, que seguramente lleva pintada, y el color de su tez; todo ello lo lleva a exclamar: "¡qué color!" Hasta este momento el poeta observa a una mujer que se deja contemplar pasivamente, pero creo que la exclamación final del verso tercero, "¡qué buenandanza!" no se refiere ya a lo que el poeta ve sino a su propio estado de ánimo: "¡qué felicidad!" dice, porque no sólo ha podido ver a su dama sino que ella se ha cruzado con él y, al hacerlo, lo ha mirado, ha alzado los ojos, y lo ha dejado herido de amor.

Ese cruce de miradas nos recuerda, saltando a través de los siglos, a Bécquer:

> Hoy la tierra y los cielos me sonríen;
> hoy llega al fondo de mi alma el sol;
> hoy la he visto . . . , la he visto y me ha mirado . . .
> ¡hoy creo en Dios![13]

La misma alegría ante una amada que no sólo es objeto de contemplación sino que activamente mira, pone sus ojos en él, y reconoce al hombre que la admira.

La gran diferencia con las innumerables poesías que desde Petrarca hasta el siglo XVIII cantarán el encuentro con la dama y la herida de amor consiguiente está en ese alzar intencionado de los ojos de la dama. El poeta se alegra porque siente que ha sido objeto de una atención especial.

Durante siglos el poeta aceptará la servidumbre amorosa, cantará un amor al que no exige respuesta porque da por supuesto que el amor lo hiere desde los ojos de ella sin que intervenga la voluntad de la mujer. En la poesía petrarquista la mujer será la representación de la belleza divina en la tierra, su vista enamorará sin que ella ponga nada de su parte. Pero Juan Ruiz es más realista y sabe la importancia que tiene ese alzar los ojos con que una mujer fija su mirada en un hombre concreto. En los versos del arcipreste está latente lo que siglos después Larra dirá de forma explícita, exigiendo a la dama que sea consecuente con esa mirada que incita al hombre a amarla:

Tres años, señora, hace que os vi la primera vez; tres años os amé, y os amo, yo os lo juro, como nadie amó jamás; igual tiempo callé. Mil veces fue a escaparse de mis labios la palabra fatal; mil veces la sofoqué; la inmensidad de mi amor la ahogó en el fondo de mi corazón. Mis ojos, sin embargo, os lo dijeron. ¿Cómo imponerles silencio? Ellos hablaron a mi pesar. *¿Por qué los vuestros me respondieron? Callaran ellos y muriera yo callando. Ellos me animaron, empero. Bien lo sabéis, señora. Mi amor es obra vuestra.*[14]

¿Cómo llega el esquema descriptivo de los tratadistas medievales a los poetas del Renacimiento y Siglo de Oro? Hay algunas descripciones femeninas que se consideran paradigmáticas, como son la de Melibea en *La Celestina* y la que hace Gismundo en el segundo libro de los *Asolanos* de Pietro Bembo. También contribuyeron a fijar el esquema tratados teóricos como la *Poética* de Bernardino Daniello o el *Libro della bella donna* de Federico Luigini.

Los modelos poéticos parecen haber sido la descripción de Alcina del *Orlando furioso* de Ariosto y el soneto 157 de Petrarca, "Quel sempre acerbo et honorato giorno," citado abajo, que fijaron para varios siglos lo que Dámaso Alonso llamó "la imaginería suntuaria de las bellas partes de la mujer."[15]

La testa or fino, e calda neve il volto,
ebeno i cigli e gli occhi eran due stelle
ond'Amor l'arco non tendeva in fallo:
perle e rose vermiglie, ove l'accolto
dolor formava ardenti voci e belle:
fiamma i sospir, le lagrime cristallo.[16]

Algunos investigadores como Lida u Otis H. Green[17] ven la descripción de Melibea como un hito de una línea ininterrumpida que va desde el retrato de Talestris a Dulcinea, pasando por la Elisa de Garcilaso, es decir, como la pervivencia de un esquema tradicional de describir a una mujer hermosa. Por el contrario, Pierre Heugas ve las descripciones de Melibea y de Dulcinea como un claro ejemplo del proceso de desmitificación de la Dama y del concepto de Amor de la tradición medieval.[18] Se trataría, pues, de descripciones paródicas. Con una se inicia y con la otra se acaba el ejercicio retórico medieval para dar paso a otra manera de describir a la mujer amada.

En la poesía lírica las cosas van más despacio que en la prosa, y a lo largo de siglo y medio el esquema retórico mantiene su vigencia con escasas rupturas debidas al genio individual que consigue humanizar la figura de la muñeca rubia. Con muy escasas excepciones, el cabello es de oro, el rostro de nieve y rosas, los ojos claros, las cejas de ébano; los labios son rosas, rubíes o corales; los dientes, perlas; el cuello de marfil alabastro o mármol, igual que el pecho; las manos y los pies pequeños y del color de la nieve. Y de lo demás no se habla. Sólo en alguno de los grandes poetas de este siglo, como Garcilaso o Lope, nos muestra, por debajo del esquema, la realidad de un rostro o un cuerpo femenino.

Lope de Vega

Las imágenes petrarquistas de sus retratos han sido estudiadas por John Allen,[19] comentando la transformación y superación que sufren a lo largo de la obra del poeta. Uno de los poemas estudiados es el que fue incluido en la comedia Lo fingido verdadero, "No ser Lucinda tus bellas," ya comentado por Dámaso Alonso en su estudio sobre el Polifemo de Góngora. Me parece fundamental la interpretación que este último dio entonces al considerar que la Lucinda del poema no es el personaje de la comedia sino la "Lucinda" de Lope. La ruptura del esquema clásico tiene por finalidad humanizar su figura, aunque no llegue a individualizarla.[20]

Lope parece experimentar la misma sensación que llevó a Fernando de Herrera a negar la identidad de su amada con los elementos de la naturaleza, identidad propuesta por las metáforas ya petrificadas, estrellas = ojos; coral = boca; nieve = pecho, etc. Lope va negando la identidad para destacar los valores reales: el brillo y el color del rostro y del cuerpo de la mujer amada:[21]

No ser, Lucinda, tus bellas
niñas formalmente estrellas,
bien puede ser;
pero que en su claridad
no tengan cierta deidad,
no puede ser.

Que tu boca celestial
no sea el mismo coral,
bien puede ser;
mas que no exceda la rosa
en ser roja y olorosa,
no puede ser.

Que no sea el blanco pecho
de nieve o cristales hecho
bien puede ser;
mas que no exceda en blancura
cristales y nieve pura,
no puede ser . . . (366)

Por su parte, Allen considera un caso de individualización la descripción
del cabello de Progne de *La Filomena:* ¡qué refrescante este cabello pardo,
trigueño, entre tanta guedeja de oro . . . !"[22]

. . . A ser rubio el cabello no se atreve;
Comienza en pardo y en trigueño para,
Pagando en rizos lo que al sol le debe,
Sol de sus ojos que le encrespa luego,
Para mostrar la vecindad del fuego.

Y lo mismo hay que decir de la descripción de Amarílidis de *La Circe:*

Negro el cabello, aunque en las puntas claro
Sutiles hebras por la frente pierde,
En quien el cielo sobre mármol paro
Puso dos soles de esmeralda verde
. . . .

Púrpura escura, en los realces clara,
La boca que rubí, que perlas era.

Lope no sólo es original porque rompe el esquema de los cabellos de oro sino porque se fija en detalles en los que un hombre normalmente no repara. Es una señal de amor esa atención, que lo lleva a distinguir los dos colores del cabello, que probablemente no sea negro sino castaño oscuro, aclarado en las puntas por efecto del sol. Y lo mismo hay que decir de la boca, que aparece pintada con color rojo oscuro, y que se ve más clara en el centro de los labios (en los realces).

Aún se pueden citar más ejemplos de esa amorosa atención de Lope a las mujeres,[23] que lo lleva a salirse del esquema clásico y a fijarse en detalles que individualizan el cuerpo amado. En el poema extenso "La rosa blanca," incluido en *La Circe*, hay una descripción de los pies de Venus verdaderamente llamativa:

Tan bien hechos marfiles enlazaba
La sandalia que el pie le descubría,
Que en jazmines portátiles andaba,
Y las mosquetas cándidas vencía.[24]

Los pies son un elemento erótico importante en el Siglo de Oro. Recordemos la fascinación que despiertan los de la Dorotea cervantina. En Lope este rasgo lo encontramos destacado en la dama a la que llama Juana, supuesta lavandera del Manzanares, que aparece en las *Rimas de Tomé de Burguillos*, libro que, aunque de aparición tardía, reúne poemas de muy distintas épocas. Quizá la misma persona inspiró ambas descripciones:

Juanilla, por tus pies andan perdidos
más poetas que bancos, aunque hay tantos,
que tus paños lavando entre unos cantos
escureció su nieve a los tendidos.

Virgilio no los tiene tan medidos,
Las musas hacen con la envidia espantos:
Que no hay picos de rosca en Todos Santos
Como tus dedos blancos y bruñidos.

Andar en puntos nunca lo recelas,
Que no llegan a cuatro tus pies bellos;
Ni por calzar penado te desvelas.

Que es tanta la belleza que hay en ellos,
Que pueden ser zarcillos tus chinelas
Con higas de cristal pendientes dellos. (311)

De Elena Osorio nos ha dejado una bella imagen en los sonetos que escribió cuando ella lo abandona por Francisco Perrenot Granvela, el "don Bela" de *La Dorotea*. En "Vireno, aquel mi manso regalado" (91) nos habla del "vellocino ensortijado" y de sus "alegres ojos y mirar gracioso." En "Suelta mi manso, mayoral extraño" (145) insiste en esas notas: el cabello castaño y "encrespado" y la peculiar manera de mirar:

Si pides señas, tiene el vellocino
pardo encrespado, y los ojuelos tiene
como durmiendo en regalado sueño.

De Camila Lucinda nos dejará también numerosas alusiones a su belleza, sobre todo a los ojos; así en los sonetos "Belleza singular, ingenio raro," "Con una risa entre los ojos bellos," "Hermosos ojos, yo juré que había," "Ojos de mayor gracia y hermosura," "Ojos por quien llamé dichoso el día."

El retrato más completo se encuentra en la epístola en tercetos "Serrana hermosa, que de nieve helada" (106), incluida en El peregrino en su patria. En realidad se puede decir que hace dos retratos. En el que inicia el poema, las metáforas, con la excepción de la primera, que se refiere a la blancura de la dama, no tienen como término real una cualidad física sino que se refieren a la importancia de la dama en la vida del poeta; así cuando la llama "claro objeto del sol y de mi vista," "centro del alma," "de mi verso altísimo sujeto," "alba dichosa en que mi noche espira." O bien se refieren a la relación de la dama con el resto de los hombres, y así la llama "divino basilisco," "lince hermoso," "nube de amor," "salteadora gentil," "monstruo amoroso," "salamandra de nieve y no de fuego." El término real común de estas metáforas es el de un ser que mata de amor con su vista y que roba los corazones:

> Serrana hermosa, que de nieve helada
> fueras como en color en el efeto,
> si amor no hallara en tu rigor posada;
>
> del sol y de mi vista claro objeto,
> centro del alma, que a tu gloria aspira,
> y de mi verso altísimo sujeto;
>
> alba dichosa, en que mi noche espira,
> divino basilisco, lince hermoso,
> nube de amor, por quien sus rayos tira;
>
> salteadora gentil, monstruo amoroso,
> salamandra de nieve y no de fuego,
> para que viva con mayor reposo.

El segundo retrato del mismo poema se va a referir a cualidades físicas. Los elementos imaginarios que utiliza son los mismos del retrato clásico: jazmín para el rostro, rosas para las mejillas, clavel para la boca, pero no establece las igualdades o las sustituciones propias del esquema, sino que lo hace más real, más verosímil al indicar que un elemento de la naturaleza le recuerda otra de su amada. Parte de una confesión amorosa: ve a la amada ausente en todas las bellezas de la naturaleza que lo rodea:

> No habrá cosa jamás en la ribera
> en que no te contemplen estos ojos,
> mientras ausente de los tuyos muera:
>
> en el jazmín tus cándidos despojos,
> en la rosa encarnada tus mejillas,
> tu bella boca en los claveles rojos . . .

Palabras que nos traen al recuerdo versos del "Cántico espiritual" de San Juan de la Cruz:

> Buscando mis amores
> iré por esos montes y riberas;
> . . . .
> Mil gracias derramando
> pasó por estos sotos con presura;
> y, yéndolos mirando,
> con solo su figura
> vestidos los dejó de su hermosura.

Aunque el sentido último de los dos poemas sea distinto, hay una coincidencia léxica (ribera/riberas) y una idéntica situación amorosa, en la que el amante reconoce en la naturaleza la belleza del ser amado. Tras ese hermoso comienzo, sigue Lope estableciendo identidades entre lo que lo rodea y su amada, que en algún caso se reducen a un juego de palabras. En el olor de las retamas reconoce el olor de la mujer, y en las maravillas que comen sus cabras reconoce las maravillas de la amada, jugando con el doble sentido de la palabra.

A continuación se enreda en unas complicadas metáforas de estilo gongorino en las que viene a decir que en los hielos que forman los arroyos, reconoce los "concertados dientes" de la amada, y en los carámbanos mayores, "los dedos de tus manos transparentes." Y acaba el retrato con la comparación ya totalmente tópica de la voz con los ruiseñores y de la yedra y el olmo con los abrazos que se prodigan movidos por su amor, al que califica de "hermafrodítico" para indicar el carácter indisoluble de la unión de los dos cuerpos que los convierte en uno solo:

> Y cuando aquellos arroyuelos que hacen,
> templados, a mis quejas consonancia
> desde la sierra donde juntos nacen,
>
> dejando el sol la furia y arrogancia
> de dos tan encendidos animales,
> volviere el año a su primera estancia,
>
> a pesar de sus fuentes naturales,
> del yelo arrebatadas sus corrientes,
> cuelguen por estas peñas sus cristales,

contemplaré tus concertados dientes,
y a veces en carámbanos mayores
los dedos de tus manos transparentes.

Tu voz me acordarán los ruiseñores
y destas yedras y olmos los abrazos
nuestros hermafrodíticos amores.

De Marta de Nevares, el gran amor de su vejez, evoca en numerosos poemas los ojos, siempre esmeraldas, y la voz, de la que destaca la dulzura. También habla de su canto, cuyo sonido lo eleva a la contemplación del Hacedor (soneto "Canta Amarilis"). La descripción más demorada la hace en la égloga "Amarilis" (281), ya muerta Marta de Nevares.

Como hemos visto en los casos anteriores, también ahora la mirada enamorada del poeta se recrea en los pequeños detalles. Empieza, siguiendo el esquema clásico, por el cabello, del que destaca la abundancia y los rizos naturales:

> El copioso cabello, que encrespaba
> natural artificio, componía
> una selva de rizos . . .

A continuación, en el esquema descriptivo clásico viene la frente. Recordemos las palabras ya citadas de Faral: "el cabello, la frente, las cejas y el espacio que las separa, los ojos, las mejillas y su color, la nariz, la boca y los dientes, la barbilla" (80). Lope sigue el esquema, pero en lo que se fija es en la peculiar forma en que el cabello está implantado en la frente. Nos dice que forman una punta de flecha, rasgo no muy frecuente que, en efecto, tienen algunas personas y que Lope considera un atributo erótico. Y se fija además en el peinado:

> En la mitad de la serena frente
> donde rizados los enlaza y junta
> formó naturaleza diligente
> jugando con las hebras una punta;
> en este campo, aunque de nieve ardiente,
> duplica el arco Amor . . .

Los ojos son "dos vivas esmeraldas . . . sobre cándido esmalte"; la nariz, "bien hecha"; las mejillas, nieve sobre la que "el divino pintor" ha dejado caer púrpura. Para describir la boca y los dientes el poeta utiliza una fórmula muy clásica: se pregunta quién encontrará los colores y dónde:

> ¿Qué rosa me dará . . . de mayo la mañana;
> qué nieve el Alpe, qué cristal de roca,
> qué rubíes de Ceilán, qué Tiro grana,
> para pintar sus perlas y su boca . . . ?

No olvida Lope "la dulce gracia de la voz sonora" ni la "honesta risa." Completan la estampa la mano, que es pequeña ("no larga," nos dice), y el pie "pequeño" y los dedos tan blancos que, cuando se alzan hasta los ojos los cubren de nieve.

Este es el retrato de la belleza en plenitud, pero Lope nos va a ofrecer también el de la ceguera y locura de su amada, y es aquí donde brilla su originalidad ya que no tenía una tradición que le suministrara pautas. Los cuerpos gastados o consumidos por el tiempo que aparecen en la literatura satírica o moralizante anterior no eran cuerpos amados. El de Amarilis sigue siéndolo. Y Lope nos ofrece este retrato desolador de los ojos muertos:

> Así estaba el amor, y así la miro
> ciega y hermosa, y con morir por ella
> con lástima de verla me retiro
> por no mirar sin luz alma tan bella.
> Difunto tiene un sol, por quien suspiro,
> cada esmeralda de su verde estrella,
> ya no me da con el mirar desvelos,
> seré el primero yo que amó sin celos.

Y este, no menos estremecedor, de la locura de Marta de Nevares:

> Aquella que gallarda se prendía
> y de tan ricas galas se preciaba,
> que a la Aurora de espejo le servia,
> y en la luz de sus ojos se tocaba,

curiosa, los vestidos deshacía,
y otras veces, estúpida, imitaba,
el cuerpo en hielo, en éxtasis la mente,
un bello mármol de escultor valiente.

Lope nos sigue dando el retrato de la apariencia física de su amada hasta el último momento de su muerte, y sus enamorados ojos siguen viendo en ella la belleza antigua:

> Estaban en el último suspiro
> aquellos dos clarísimos luceros,
> mas sin faltar hasta morir hermosa
> nieve al jazmín, ni púrpura a la rosa.

Todavía añade dos detalles terribles, tomados sin duda de la realidad y transmutados por él en belleza: ve que ella mueve los labios y se acerca para intentar oír lo que dice; pero era sólo el último suspiro. Entonces coge su mano y la siente "nieve dos veces," por blanca y por el frío de la muerte:

> Llego a la cama, la color perdida
> y en la arteria vocal la voz suspensa,
> que apenas pude ver restituida
> por la grandeza de la pena inmensa;
> pensé morir, viendo morir mi vida,
> pero mientras salir el alma piensa,
> vi que las hojas de clavel movía,
> y detúvose a ver lo que decía.

> Mas, ¡ay de mí! que fue para engañarme,
> para morirse, sin que yo muriese,
> o para no tener culpa en matarme,
> porque aún allí su amor reconociese;
> tomé su mano en fin para esforzarme,
> mas como ya dos veces nieve fuese,
> templó en mi boca aquel ardiente fuego,
> y en un golfo de lágrimas me anego.

Tras esa visión de la amada muerta, viene la bellísima octava en que Lope hace a toda la naturaleza, al olvido y a la misma muerte, partícipes de su dolor:

> No quedó sin llorar pájaro en nido,
> pez en el agua, ni en el monte fiera,
> flor que a su pie debiese haber nacido,
> cuando fue de sus prados primavera;
> lloró cuanto es amor, hasta el olvido
> a amar volvió porque llorar pudiera,
> y es la locura de mi amor tan fuerte,
> que pienso que lloró también la muerte.

La égloga se cierra con una última evocación de Amarilis muerta, que es el último retrato que de ella hace Lope:

> Como las blancas y encarnadas flores
> de anticipado almendro por el suelo
> del cierzo esparcen frígidos rigores,
> así quedó Amarilis rosa y hielo.
> Diez años ha que sucedió, pastores,
> con su muerte mi eterno desconsuelo
> y estoy tan firme y verdadero amante
> como los polos que sustenta Atlante . . .

Juan Meléndez Valdés

Seguimos saltando hacia delante para encontrar novedades en el esquema clásico, y llegamos en el siglo XVIII a la obra de Juan Meléndez Valdés. Aunque se haya considerado el siglo dieciocho como el siglo de la razón, no podemos olvidar que es también la época de la exaltación de la sensualidad y del hedonismo vital. En expresión de los hermanos Goncourt: "Volupté c'est le mot du XVIIIème siècle, c'est son secret, son charme, son ame."[25]

En la literatura española esa tendencia voluptuosa y sensible encuentra su mejor representante en Meléndez Valdés. Tiene un gran número de poemas amorosos de un erotismo refinado en el que no faltan las alusiones sexuales.

El cuerpo de la amada es evocado con detalle y con complacencia sensual. Abundan los diminutivos que rebajan el tono erótico (hoyuelos, ricitos, ojuelos, lunarcito), haciéndolo más amable, más inocente, diríamos. También la sensualidad y la sexualidad se enmascaran a veces trasladando el protagonismo al mundo de la naturaleza: en lugar del poeta es el céfiro el que juega y seduce a las pastoras, o la paloma la que recibe las caricias de Filis. Con todo, son muchos los cuerpos femeninos que encontramos en sus versos.

No cabe duda de que era un buen observador y de que disfrutaba con lo que veía. Así en la oda "De un baile" nos habla de la espalda de Dorila, de su cuello, del modo en que lo mueve, de la voluptuosidad de su movimiento:

> ¡Qué espalda tan airosa!
> ¡Qué cuello! ¡qué expresiva
> volverle un tanto sabe
> si el rostro afable inclina!
> ¡Ay! ¡qué voluptuosos sus pasos! (43)[26]

Del resto de las muchachas que bailan destacará las manos entrelazadas con las de sus enamorados, los ojos brillantes, la boca sonriente, las frentes arreboladas, los pechos palpitantes, los pies que las acercan y apartan de su compañero de baile en un juego amoroso que tiene lugar en plena naturaleza.

La nariz hasta ahora había pasado sin pena ni gloria. Recordemos que la de Melibea es simplemente "mediana" y que no aparece en Bembo, que pasa de las cejas a los ojos, igual que Petrarca, y que había casi desaparecido en los retratos del Siglo de Oro. Ahora cobra nueva importancia, no tanto por su belleza como por ser un órgano que permite a la mujer sentir el placer de los perfumes con los que se adorna.

Así lo vemos en la oda "De los labios de Dorila." Empieza comparando la rosa de Citeres con los labios de su amada y llega a la conclusión de que la rosa es inferior tanto en el color como en la fragancia. La rosa es consciente de su inferioridad, y cuando Dorila la lleva prendida en su pecho inunda "en grato aroma" el seno de la mujer y se siente feliz de que ella incline la nariz para gozar de su aroma. John H. R. Polt interpreta el poema como un ejemplo de servidumbre amorosa: "la reina de las flores queda así como tributaria de Dorila. La que es 'objeto del deseo / de las bellas' desea a su vez servir la belleza de Dorila" (204).[27] El poema parte de dos anacreónticas de Villegas, y Polt subraya la originalidad de Meléndez que, de cantar la flor, pasa a exaltar la belleza de la mujer y añade elementos más eróticos. De lo que no habla es de lo que a mí me parece más original y más erótico, que es esa nariz de la dama que se inclina hacia el propio pecho para disfrutar del perfume que sale de él.

Curiosamente, Meléndez, tan amante de los detalles, no da el color de los ojos en sus poemas amorosos, quizá para no dar pistas sobre la persona que inspira sus versos. Lo que sí es un rasgo típico de las damas que canta es el hoyuelo de las mejillas, presente en muchos poemas y al que dedica uno completo titulado "Los hoyitos." También uno de sus idilios está dedicado "Al hoyuelo de la barba," y en varias ocasiones se refiere en sus retratos de hermosas al hoyuelo en donde acaba o empieza, según se mire, el cuello. La oda a "El abanico" (103) le da ocasión para hablar de los "largos dedos," la "bellísima mano," y el "mórbido brazo" que lo mueve.

En la serie de odas agrupadas bajo el epígrafe de "Galatea o la ilusión del canto," los poemas desgranan una historia amorosa que va desde el enamoramiento inicial hasta el rompimiento provocado por la inconstancia de la mujer. Aunque hay referencias a los ojos o la boca, lo que se alaba una y otra vez en ella es la voz, la forma de cantar, sus "trinos," que arrebatan y enardecen al poeta, sus actitudes al cantar canciones de amor o de tragedia y también las manos cuando ella misma se acompaña al piano. La protagonista pudiera ser una cantante profesional, ya que en el poema "El gabinete" parece referirse a un camerino desde el cual él la oye cantar el personaje de Armida. Seguramente se refiere a la versión de Salieri, que estrenó en 1771, porque la obra del mismo título de Joseph Haydn no se estrenó hasta 1784. En todo caso, si no es profesional, la dama tiene una espléndida voz que le permite cantar los personajes de Dido (*Dido y Eneas* de Purcell, estrenada en 1689), de Ariadna (*Arianna* de Handel, estrenada en 1734), de Angélica e incluso de Orlando de la ópera

Orlando también de Handel, estrenada en 1733, que es interpretado por una contralto. Así podemos verlo en el poema "El canto" (207):

> Cuando tú, Galatea,
> repites los gemidos
> De Dido abandonada,
> yo gimo a par contigo . . .
> Infeliz Ariadna,
> con penetrantes gritos
> persigues a Teseo,
> y al pérfido maldigo.
> Si a Angélica retratas
> o el celoso delirio
> de Orlando, me estremece
> tu enojo vengativo.

En "A un pintor" utiliza el viejo recurso de describir la amada al artista que va a retratarla. Al comienzo sigue el esquema petrarquesco: las trenzas son de oro y van sueltas y ondeantes al viento. Sobre ellas una guirnalda de rosas que destacarán la blancura de las sienes. La frente es tersa como la plata y blanca como la azucena. Las cejas, negras. De los ojos no da el color, sino su condición, amable, amorosa, "de paloma / que a su pichón se vuelve / rendida ya de amores"; también la pasión que hay en ellos y la alegría; es decir ojos amables, apasionados y alegres; la nariz blanca como la nieve y "tornátil," que puede querer decir torneada pero también ligera, sensible como la de un animal que husmea los olores. De la boca destaca no sólo la belleza de los dientes, "haz de menudo aljófar," sino que habla de la lengua, que destila miel cuando habla. Las mejillas son dos "virginales rosas," el cuello "enhiesto," de él parten los hombros, y justo en el "hoyuelo" que hay en la base del cuello empieza "el relevado pecho," que es "albo" y en el que se elevan dos "pomas turgentes." A las tetas redondas, que alababa Calixto y que eran dulces manzanas en Bembo, Meléndez añade, en clara intensificación del erotismo, los pezones. Así el poeta ordena al pintor:

Pon al sediento labio
en sus pomas turgentes
dos veneros del néctar
de la mansión celeste. (47–49)

Mientras que en la descripción del cabello o el resto del rostro
Meléndez sigue las pautas clásicas y nos habla de oro, azucenas, rosas
y claveles, o perlas, al hablar de los pechos femeninos aparecen nuevos
detalles; no sólo la forma y el color, que hasta ahora era lo habitual, sino
la textura y el movimiento. Así en el poema "El espejo," el poeta anima a
Dorila a que se fije en sus encantos:

. . . Ve, Dorila, el encanto
de tu sin par belleza . . .
ese tu enhiesto cuello,
el seno, las dos pellas
que en él de firme nieve
elásticas se elevan
y ondulando suaves
cuando plácida alientas,
animarse parecen
y su cárcel desdeñan. (53)

Incluso a los retratos en los que recurre a los elementos tradicionales,
Meléndez les insufla un aire sensual, refiriéndose a partes del cuerpo
o del rostro con fuerte carga erótica, como la lengua o los pechos, que,
por cierto, siempre son turgentes. Veamos un ejemplo característico en
la letrilla titulada "La flor del Zurguén":

Su rostro, la gloria;
la nieve, su tez;
sus risas, el alba;
su lengua, la miel;
y el turgente seno,
de amor, el vergel,
donde con él juega
la flor del Zurguén. (271)

Lo mismo sucede en "El lunarcito" que, en realidad, le sirve para fijar sus miradas sobre el pecho en el que está situado y hablar de la "alba canal" junto a la que se sitúa, así como de los movimientos que le imprime el palpitar del seno.

Meléndez intentó que el erotismo de sus poemas no resultase escandaloso para la sociedad en la que vivía. Siempre prudente, recurre a múltiples procedimientos para rebajar la carga erótica: situarlos en los umbrales de la niñez ("De mis niñeces"), sustituir la presencia del amante por la de un elemento de la naturaleza ("El céfiro") o un animalillo (La paloma de Filis), e incluso falsear el título. Así en el poema "De un hablar muy gracioso," el título centra la atención en la forma de hablar de la mujer, tema que desarrolla sólo en las dos estrofas finales. Las cinco anteriores están dedicadas a cantar el placer que en él producen los labios de la amada cuando los abre. Se refiere a sensaciones gustativas y olfativas que sin duda son provocadas no por la manera de hablar sino por el aliento y la saliva de la mujer:

> Dan tus labios de rosa,
> si los abres, bien mío,
> el más sabroso néctar
> y el aroma más fino.

Parece claro que el néctar es la saliva y el aroma el aliento. Una serie de imágenes refuerzan las sensaciones. El perfume que despide su boca es superior al que exhalan las rosas al albor, y la humedad de sus labios hace amarga la miel y es más sabrosa que "el más preciado vino." Sólo al final nos hablará de su "acento," más grato que el trino del ruiseñor y el vuelo del céfiro (63).

En las Odas a la inconstancia, dedicadas a Lisi, traspone las escenas eróticas al mundo de la naturaleza. El céfiro, y no un pastor, es quien juega eróticamente con las flores del campo o con las zagalas. Una cuidadosa selección de los adjetivos y de los verbos empleados hacen trasparentes las alusiones eróticas e incluso sexuales: el céfiro, licencioso y lascivo, mece a las flores, se complace, lame, agita, besa, y escapa (no olvidemos que son odas a la inconstancia, al cambio de pareja). La hierbezuela se estremece ante él y se abate; el céfiro, embelesado por el susurro que emiten, se detiene para gozarlo. Después se aleja para disfrutar de las rosas, a las que, lascivo, abre el cáliz. También las aguas del arroyo atraen al céfiro que moja en ellas sus alas, formando "mil ondas y celajes." Aquí hay un comentario del poeta que se presta a toda clase de interpretaciones eróticas:

> parece cuando vuela
> sobre ellos que, cobarde,
> las puntas ya mojadas,
> no acierta a retirarse.

El lector se pregunta qué son esos celajes de los que no acierta a separarse el lascivo vientecillo, al que todavía quedan las zagalas para completar su diversión. Cuando ellas salen al prado, el céfiro se enreda en sus cabellos, les refresca el seno, les rodea el talle, se mete por sus labios, sale, les besa los pies y, finalmente concluye el poeta, "anda a un tiempo en mil partes," de modo que, sin que nada lo cautive, "de todo lo más bello / felice gozar sabe" (159–61).

Contrariamente a lo que sucede en los poemas barrocos, en los que flores y gemas ocultan muchas veces a nuestros ojos el cuerpo femenino, en estos poemas el cuerpo está presente aunque se hable de florecillas del campo.

En las odas agrupadas bajo el título de "La paloma de Filis," los juegos amorosos corren a cargo de la paloma y la mujer. El animalito viene a hacer todo lo que el amante desearía: recibir las caricias de su ama, reposar en su seno o en su regazo, picotearle el cuerpo y el rostro, o esconderse en el valle de sus pechos. También le sirve de término de comparación con la blancura de los pechos de la mujer, cualidad en la que, por cierto, la paloma la aventaja porque en aquella la nieve se mezcla con las rosas (179).

Pero, aunque son muchos los poemas en los que el erotismo se rebaja con diminutivos y trasposiciones a la naturaleza, no faltan los poemas claramente eróticos. Uno de los más interesantes me parece "El tocador," en el que asistimos a la creciente excitación que una dama se provoca a sí misma mediante caricias en el pecho. La fascinación del poeta ante los pechos femeninos ha quedado de sobra patente en muchos de sus poemas. La blancura, la suavidad, la tersura, la turgencia, y el movimiento de los pechos femeninos enajenan al amante, pero no sólo a él, pues en "El tocador" es la dama quien, al rozarlos de modo casual para colocarse un velo, siente placer.

> De transparente gasa
> sobre el tocado asienta
> un lazo, que hasta el talle
> baja y al viento ondea.
> Con otro solicita
> celar a la modestia
> de sus turgentes pechos
> las dos nevadas pellas.
> Por ellas, al cubrirlas,
> acaso, aunque ligera,
> la mano pasa; y siente
> que el tacto la recrea.
> Torna a correrla; y blando
> circula por sus venas
> de amor el dulce fuego,
> que la delicia aumenta.

El gesto casual, se vuelve voluntario en la repetición y la dama se excita. Se vuelve entonces hacia el espejo, elemento que no suele faltar en las escenas eróticas, y la vista aumenta el placer del tacto, al que se entrega "con amable licencia" y se dedica a palpar, agitar y apretar sus pechos hasta llegar a un clímax de excitación en el que pronuncia el nombre de su amante:

> Rendida hacia el espejo
> se vuelve; y en su esfera
> las pomas mismas halla,
> que loca la enajenan.
> Y al punto más perdida
> con amable licencia,

> para en ellas gozarse
> las gasas desordena.
> Ya ardiente las agita,
> ya las palpa suspensa,
> ya tierna las comprime;
> y en la presión violenta
> su palpitar se dobla;
> desfallecida anhela;
> me nombra, y del deleite
> la nube la rodea.

El amante, que ha sido testigo de la escena, sale entonces y, pese a que ella se turba de su presencia en un primer momento, todo acaba felizmente para los dos, como es preceptivo en el mundo de la anacreóntica y del hedonismo dieciochesco:

> Yo de improviso salgo,
> y con dulce sorpresa
> pago en ardientes besos
> su amor y su fineza.
> Turbóse un tanto al verme;
> Mas bien presto halagüeña
> Me ofreció entre sus brazos
> El perdón de la ofensa.[28]

Ningún otro poeta del siglo XVIII puede equipararse a Meléndez en la abundancia de descripciones femeninas ni en la gracia sensual de que las impregna. No faltan en los poetas neoclásicos o prerrománticos, pero son sólo pálidas copias de lo que hemos visto en Meléndez.

El romanticismo, en contra de lo que pudiera parecer, no aporta nada nuevo al retrato de la mujer amada. Ni Espronceda ni Bécquer consiguen romper el ya a estas alturas trillado esquema clásico. Tendremos que llegar a los grandes poetas amorosos del siglo XX para que la imagen de la mujer cobre humanidad e individualidad. Nuestra cuarta cala será en la obra de Pedro Salinas.

Pedro Salinas

Hay en la poesía de este autor muchos cuerpos, pero pocos rasgos que permitan individualizarlos. Tiende a la abstracción cuando habla de las figuras femeninas, varias, que aparecen a lo largo de su obra. Nunca se menciona el color del cabello, aunque se hable de él; ni de los ojos, con una única excepción. Esto resulta sorprendente en alguien que se extasía ante los colores y formas de una concha marina ("La concha" 64):[29]

> Tersa, pulida, rosada,
> ¡cómo la acariciarían,
> si mejilla de doncella!
> Entreabierta, curva, cóncava,
> su albergue, encaracolada,
> mi mirada se hace dentro.
>
> Azul, rosa, malva, verde,
> tan sin luz, tan irisada,
> tardes, cielos, nubes, soles,
> crepúsculos me eterniza . . .

Ninguna mujer de las que aparecen en su poesía ha tenido una descripción tan minuciosa de su belleza, una enumeración tan pormenorizada de sus gracias. Y lo mismo podríamos decir de las sensaciones que le provoca el tener un pájaro en la mano y que refleja en el poema "Lo olvidado":

> Estuvo aquí. Sí. Latidos
> Corazón tierno de pájaro.
> Ya lo sentía. ¡Qué lucha
> de caricia, roce, pluma!
> ¡Qué terca lucha suave,
> ala impaciente en la mano! . . .
> Ahora ya sin nada.
> en la palma abierta al eco,
> tibieza —de aquel calor,
> de su contacto, brevísimo . . .

Nos habla de latidos, caricia, roce, calor, suavidad del contacto, y sensación de un cuerpo que se debate, que lucha. Pero en las relaciones
amorosas, en los besos o los abrazos que abundan en su obra, no hay
esa riqueza de sensaciones. La falta de referencias concretas en sus figuras femeninas puede
deberse a un deseo de que no fuese identificada la persona a quien se
refiere, pero, dada también la escasez de sensaciones, habría que pensar
en una voluntaria intelectualización o platonización de sus sentimientos.
Su sensualidad se explaya en el mundo inanimado (la concha) o animal
(el pájaro), mientras que el mundo de los sentimientos se eleva a la esfera
de lo intelectual. Recordemos que en un momento dado va a hablar del
"dulce cuerpo pensado" de la amada.

Ese cuerpo de la amada se va haciendo a lo largo de los sucesivos poe-
marios más concreto. Van apareciendo unos brazos largos, unas piernas
esbeltas, un color rosado de piel, al final también unos ojos azules. Y
algunos detalles que nos indican la atención amorosa. Como Lope con
Marta de Nevares, también Salinas se fija en el peinado:

> Por ti supe también
> cómo se peina un sueño.
> Con qué cuidado parte sus cabellos
> con una raya que recuerda
> a la estela que traza sobre el agua
> la luna primeriza del estío. (*Largo lamento* 436)

Hay que decir, sin embargo, que si en algún momento esa amada fue,
como sugirió parte de la crítica, un amor mental, algo que sólo existió
en la mente del poeta, en cierto modo un pretexto inventado por él para
darse una razón de vivir, no lo es a partir de *La voz a ti debida*. Y el propio poeta lo dice de modo desgarrador en el poema "No quiero que te
vayas, / dolor última forma de amar." Su propio dolor ante la pérdida es
la prueba de que aquel amor no fue un pretexto sino una realidad:

> No quiero que te vayas,
> dolor, última forma

de amar. Me estoy sintiendo
vivir cuando me dueles
no en ti, ni aquí, más lejos:
en la tierra, en el año
de donde vienes tú,
en el amor con ella
y todo lo que fue.
En esa realidad
hundida que se niega
a sí misma y se empeña
en que nunca ha existido,
que fue sólo un pretexto
mío para vivir.
Si tú no me quedaras,
dolor, irrefutable,
yo me lo creería;
pero me quedas tú.
Tu verdad me asegura
que nada fue mentira.
Y mientras yo te sienta,
tú me serás, dolor,
la prueba de otra vida
en que no me dolías.
La gran prueba, a lo lejos,
de que existió, que existe,
de que me quiso, sí,
de que aún la estoy queriendo.

Veamos ahora cómo aparece el cuerpo amado desde sus primeros
poemas. En "La distraída," en la colección *Seguro azar*, aparece un cuerpo
sin alma, a punto de desaparecer, como antes ha desaparecido el alma
que lo animaba (55):

No estás ya aquí. Lo que veo
de ti, cuerpo, es sombra, engaño.
El alma tuya se fue
donde tú te irás mañana.

En "Amada exacta" (63), contrapone presencia y ausencia de la amada que está hecha "para la presencia pura." Por eso, cuando no está el poeta tiene que recomponerla con "recuerdos vagos" y teme perderla:

> Te equivocaré la voz;
> el cabello, ¿cómo era?
> Te pondré los ojos falsos.

En "Sí reciente" (69) nos encontramos con un "ardiente cuerpo entregado" que no es muy amado en el presente por sentirlo demasiado "cierto y mío." El poeta espera para quererlo a que el tiempo lo convierta en recuerdo:

> Cómo te voy a querer,
> amor,
> ardiente cuerpo entregado,
> cuando te vuelvas recuerdo,
> sombra esquiva entre los brazos.

En "Atalanta" (72) nos habla del pelo de la amada, pero con un carácter simbólico, al contraponer el pelo "domado / plano, doméstico, liso," que es imagen de la vida cotidiana, con la "cabellera suelta al viento," que también subyace en ella y es símbolo de aventura.

"Amiga" (75) nos da una explicación a esa falta de detalles concretos: la amada está siempre ante el poeta, pero invisible, nítida, transparente, y clara como un cristal a través de la cual ve el mundo:

> Para cristal te quiero,
> nítida y clara eres.
> Para mirar al mundo,
> a través de ti . . .
> Tu presencia aquí, sí,
> delante de mí, siempre,
> pero invisible siempre,
> sin verte y verdadera.
> Cristal. ¡Espejo, nunca!

En *Fábula y signo* nos encontramos con una serie de poemas, "Hallazgo," "Ámsterdam," "Muertes," y "La tarde libre," que parecen episodios de una historia de amor a la que también podría pertenecer uno de los últimos de *Seguro azar*, "Los despedidos" (74), donde se habla de "adioses, sin adiós" y de "aquella sombra sola, / única por la arena, truncada en dos: tú y yo." En "Ámsterdam" (89) nos habla de las luces, de los letreros luminosos que se reflejan en los ojos de un tú a quien dice: "Te quiero así, inocente, toda ajena / palpitante / en lo que está fuera de ti." En "Muertes" (90) habla de los olvidos sucesivos que van borrando la figura del ser amado:

> Primero te olvidé en tu voz . . .
> Luego, se me olvidó de ti tu paso . . .
> Te deshojaste toda lentamente,
> delante de un invierno: la sonrisa,
> la mirada, el color del traje, el número
> de los zapatos.

Lo que más tarda en desaparecer es el nombre, un nombre de siete letras, que no parece encajar ni con el de su mujer, Margarita, ni con el de Katherine Whitmore, que va a inspirar los poemas de sus siguiente libros.

> Te deshojaste aún más:
> Se te cayó tu carne, tu cuerpo.
> Y me quedó tu nombre, siete letras, de ti.
> Y tú viviendo
> desesperadamente agonizante,
> en ellas, con alma y cuerpo.

En "La tarde libre" (95) se refiere a una tarde concreta, un jueves del mes de abril, y de la "delicia de ser cómplices, / en delicias, los dos." "Vida segunda" (98) es un poema que parece dar la razón a cuantos han insistido en el carácter mental, de creación del poeta, de la amada de Salinas.[30] En él vemos cómo los rasgos concretos de la amada se diluyen en el recuerdo y el poeta inventa —es esa la palabra que él mismo utiliza— a

la nueva amada, más viva que la anterior, que sólo es posible cuando se
ha borrado mediante el olvido la forma anterior.

Para nuestro tema nos interesa destacar los dos rasgos de esa figura:
la voz, que es seca, boreal (entendemos fría), y la sonrisa, que es tibia,
como procedente del sur:

> Sí, tú naciste al borrárseme
> tu forma.
> Mientras yo te recordé,
> ¡qué muerta estabas!
> Se te podía seguir
> Como en un mapa, clarísima,
> al norte
> la voz seca, boreal,
> tibia, abandonada, al sur,
> en litoral, la sonrisa.

Viene después una referencia temporal muy concreta, típica de esta etapa
de la poesía saliniana: un día de noviembre en el que ella se escapa del
recuerdo y él la tiene que inventar:

> Pero un día de noviembre
> dejaste en blanco tu atlas,
> se abolieron tus fronteras,
> te escapaste del recuerdo.
> Estabas ya sin tus límites,
> perdida en la desmemoria.
> Y te tuve que inventar
> —era el segundo día—
> nueva,
> con tu voz o sin tu voz,
> con tu carne o sin tu carne . . .

En la misma línea de este poema está "Tú, mía" (102), en la que el
poeta asegura a su amada que el tiempo ya no trascurre para ella porque
él la ha detenido en el momento mejor, en la "cima más alta de ti."

En "Ruptura sin palabras" (100) refleja esa fase de la pareja en la que sin pretenderlo se hiere al otro y se ve la peor parte de cada uno:

> ¡Qué herir sin querer
> si decías tú,
> si decía yo,
> algo
> . . .
> Toda
> desnuda te vi
> en tu yo más malo.
> Lo que yo te quise
> —qué tiempo lentísimo—
> en minutos rápidos
> se iba desamando.

De la amada no hay rasgos concretos; sólo se alude a su mirar, al que se atribuye el color blanco del cuerpo:

> Tu mirar caía
> con su cuerpo blanco
> siempre sobre púas,
> chumberas, picachos,
> del agrio paisaje
> erizado.

En "El teléfono" (106) es la voz de la amada ausente y lejana ("nos separan diez ríos, / tres idiomas, dos fronteras") lo que la identifica y pone en evidencia por contraste la falta de otros rasgos, esa carne blanca y rosa, que es tan característica del cuerpo amado de Salinas. Los ojos aparecen una vez más sin color que permita identificarlos:

> Me llegabas,
> en alambre, por tu voz.
> El mundo era, aquí, tu voz.
> ¡qué ojos sin color, qué boca

sin trazo, qué carne ausente
· de lo blanco, de lo rosa,
que tú deshecha, tu voz.

En "Luz de noche" (112) lo que se evoca es la sonrisa de la amada, una sonrisa "abierta, / tan alegre, tan de flores." Y en "Pregunta más allá," penúltimo poema del libro, aparece ese cuerpo alto que veremos repetidamente en *La voz a ti debida*:

Sí te veo,
ir y venir,
a ti, a tu cuerpo alto
que se termina en voz,
como en humo la llama,
en el aire, impalpable.
Y te pregunto, sí,
Y te pregunto de qué eres,
de quién;
y abres los brazos
y me enseñas
la alta imagen de ti,
y me dices que mía.
Y te pregunto, siempre.

En *La voz a ti debida* y *Razón de amor* la amada de Salinas toma cuerpo y peso, esa corporeidad mortal y rosa que cierra el primer libro. El cuerpo, la carne, se hacen omnipresentes y a través de los distintos poemas se va perfilando una figura alta, blanca y rosada, un cuerpo de largos brazos nerviosos, de piernas esbeltas, cintura fina, rostro serio y grave, ojos azules, labios rojos y duros, voz densa y cálida. En el primer poema de *La voz a ti debida* nos encontramos "El tierno cuerpo rosado / que te encuentras en su espejo / cada día al despertar" (120). Y en una de las últimas evocaciones de la amada, ya perdida, en *Largo lamento*, aparece de nuevo esa carnalidad rosa del cuerpo amado:

¡Cuántas veces mis manos
se quedaron tranquilas, en paz, puras,·

> saciadas en su sed por lo infinito,
> tan sólo acariciándote las alas
> que disimulan ciertas formas tuyas!
> Y fueron ya manos felices, sí, manos felices
> por tu gran parecido con la luna
> cuando está llena y se la ve que tiene
> un matiz sonrosado, el de tu carne. (177)

Volviendo a *La voz a ti debida*, en "¡Ay! Cuántas cosas perdidas" (129) la amada recupera para el poeta todo lo que él creía perdido y lo mantiene sin que pese "sobre tu cintura fina / sobre tus hombros desnudos." En "Te sigo. Espero. Sé." (130–31) el poeta nos habla de la amada que está detrás de la "ingrávida careta" de la risa. Y ahí aparece:

> . . . un rostro serio, grave,
> una desconocida
> alta, pálida y triste,
> que es mi amada. Y me quiere
> por detrás de la risa.

En "Amor, amor, catástrofe" (138–39) el poeta va retrocediendo en el tiempo, empujado por el amor, hasta llegar a la forma más elemental de la amada, la piel, que lo une al palpitar primigenio del universo:

> Y ya siento entre tactos,
> entre abrazos, tu piel,
> que me entrega el retorno
> al palpitar primero,
> sin luz, antes del mundo,
> total, sin forma, caos.

La mirada enamorada del poeta descubre y deja constancia de los pequeños cambios que suceden en el cuerpo amado. Esa tonalidad blanca y rosa de la piel, de la que tantas muestras han quedado en sus versos, se hace morena en el verano. En "Yo no puedo darte más" (145) el poeta desearía ser la arena de la playa en la que ella deja la huella de su cuerpo, y ese sol que, sobre su cuerpo desnudo, deja el color moreno como un "beso lento" que la acompaña:

¡Ay, cómo quisiera ser
arena, sol, en estío! . . .
Que me dejaras
tu cuerpo al marcharte, huella
tierna, tibia, inolvidable.
Y que contigo se fuese
sobre ti, mi beso lento:
color,
desde la nuca al talón
moreno.

Hay muchos besos en *La voz a ti debida* y en *Razón de amor*, muchos, y también poemas que aluden a encuentros íntimos, como "Horizontal, sí, te quiero" (153) o esa especie de canto del alba que es "Te abrazo por última vez" (150), que recoge las vivencias de asomarse a un nuevo día en el que "las verticales / entran a trabajar"; un día que se inicia con los brazos de ella tendidos hacia él y su "cuerpo limpio, exacto / ofreciéndome en labios / el gran error del día." También en "¡Cómo me dejas que te piense!" (230), en este caso evocada la amada en la ausencia: "Pensar en ti es tenerte, / como el desnudo cuerpo ante los besos, / toda ante mí entregada." Lo mismo sucede en "La materia no pesa" (168), donde el poeta nos dice que lo que pesa es la ausencia, mientras que, por el contrario, el cuerpo de la amada, un "dulce peso rosa," hace ingrávido el mundo:

Tu forma corporal,
tu dulce peso rosa,
es la que me volvía
el mundo más ingrávido.

De ese cuerpo tantas veces evocado el poeta destaca a veces una parte: los labios, de los que siempre se señala el color rojo y la dureza. "Ayer te besé en los labios. Densos / rojos" (159); "Me estoy labrando tu sombra / La tengo ya sin los labios, / rojos y duros" (178); "Tus espectros, qué brazos / largos, qué labios duros / tienen: sí, como tú" (de "Tú no puedes quererme" 172).

Los brazos largos, rápidos, nerviosos, aparecerán varias veces en sus versos. Ya no son descritos sino evocados metafóricamente en *Largo lamento*:

> Tú, que tuviste brazos
> como vías celestes
> por donde descendían
> los dioses a las horas
> de nuestros dos relojes. ("De marfil o de cuerpo" 189)

Como en todos los grandes poetas amorosos, los párpados del ser amado atraen la mirada atenta del enamorado: "Cuando cierras los ojos / tus párpados son aire. / Me arrebatan: / Me voy contigo, adentro" (152). No las cejas del retrato clásico, sino el ceño de la amada aparece también en los versos de Salinas. Al hablar de uno de eso tus que son también ella (recordar: "quiero sacar de ti tu mejor tú") lo reconoce por el ceño y los zapatos y la manera de andar:

> Se te está viendo la otra.
> Se parece a ti:
> Los pasos, el mismo ceño,
> los mismo tacones altos
> todos manchados de estrellas. (174)

Las dificultades de este amor y la imposibilidad de una unión completa para siempre aparecen ya en *La voz a ti debida*. El poeta, incluso en los momentos más íntimos, es consciente de la imposibilidad de la unión total. Esa última resistencia al amor la encontramos simbolizada en la frente de la amada:

> La frente es más segura.
> Los labios ceden, rinden
> su forma al otro labio
> que lo viene a besar . . .
> pero la frente es dura;
> por detrás de la carne

está rígida, eterna,
la respuesta inflexible,
monosílaba, el hueso . . .
Cuando toco tu frente
con mi frente, te siento
la amada más distante . . . (176–77)

Todavía en este poema es más fuerte el impulso del amor que la con-
statación de la resistencia del hueso humano. Recordemos que Aleixandre nos hablará del "nunca incandescente hueso del hombre," que es lo
único que no arde en la pasión amorosa ("Mano entregada"). En *Largo
lamento* ya no es sólo la frente sino la cabeza entera de la amada que el
poeta estrecha entre sus manos la que le recuerda la resistencia al amor:

También recuerdan ellas, mis manos,
haber tenido una cabeza amada entre sus palmas . . .
Pero al palpar la forma inexorable
que detrás de la carne nos resiste
las palmas ya se quedan ciegas.
No son caricias, no, lo que repiten
pasando y repasando sobre el hueso:
son preguntas sin fin, son infinitas
angustias hechas tactos ardorosos. ("La memoria en las manos" 462)

Y finalmente esa resistencia se concreta en el mismo libro en la imagen
del esqueleto:

Amor, amor, amor,
que con su delirante
abrazo hace crujir
por detrás de la carne
que se deja estrechar
lo que más se resiste
en este cuerpo humano
a ternura y a beso:
el destino final
del hombre: el esqueleto. ("Amor, mundo en peligro" 377)

En algunos sentidos, el amor en *La voz a ti debida* es como el amor de los cancioneros: un amor prohibido que tiene que evitar el reconocimiento de la persona amada. En "Me estoy labrando tu sombra" (178) podemos pensar que el poeta elimina los rasgos reales de la amada para asegurarse la posesión del "dulce cuerpo pensado," único que nadie le podrá arrebatar. Pero también podemos pensar que lo hace para que ella no sea identificada. Cuando le cuenta la pena que ha sentido al eliminar su voz "densa y tan cálida," se justifica: "Pero ya iba a traicionarnos." ¿En qué sentido hay que interpretar la frase? ¿En el de que ella iba a hablar de su amor? ¿O en el de que es demasiado reconocible? En todo caso sugiere la necesidad de mantener oculta esa relación:

> Me estoy labrando tu sombra,
> la tengo ya sin los labios,
> rojos y duros: ardían.
> Te los habría besado
> aún mucho más.
> Luego te paro los brazos,
> rápidos, largos, nerviosos.
> Me ofrecían el camino
> para que yo te estrechara.
> Te arranco el color, el bulto.
> Te mato el paso. Venías
> derecha a mí. Lo que más
> pena me ha dado, al callártela,
> es tu voz. Densa, tan cálida,
> más palpable que tu cuerpo.
> Pero ya iba a traicionarnos.
> Así
> mi amor está libre, suelto,
> con tu sombra descarnada.
> Y puedo vivir en ti
> sin temor
> a lo que yo más deseo,
> a tu beso, a tus abrazos.
> Estar ya siempre pensando

en los labios, en la voz,
en el cuerpo,
que yo mismo te arranqué
para poder, ya sin ellos,
quererte.
¡Yo, que los quería tanto!
Y estrechar sin fin, sin pena
—mientras se va inasidera,
con mi gran amor detrás,
la carne por su camino—
tu solo cuerpo posible:
tu dulce cuerpo pensado.

El amor, que es cantado muchas veces como pura celebración gozosa, es, al mismo tiempo, un amor condenado a la ocultación, a la ausencia, a las separaciones, a la distancia. Y mientras ella se empeña en destruir esas dificultades, él es consciente de la existencia entre ellos de un "no indestructible y negro," de una imposibilidad de poder vivir siempre unidos.

Dime, ¿por qué ese afán
de hacerte la posible,
si sabes que tú eres
la que no serás nunca?
Tú, a mi lado, en tu carne,
en tu cuerpo, eres sólo
el gran deseo inútil
de estar aquí a mi lado,
en tu cuerpo, en tu carne,
en todo lo que haces,
verdadero, visible,
no se consuma nada,
ni se realiza, no.
Lo que tú haces no es más
que lo que tú querrías
hacer mientras lo haces.
Las palabras, las manos
que me entregas, las beso

por esa voluntad
tuya e irrealizable
de dármelas, al dármelas.

Y cuanto más te acercas
contra mí y más te estrechas
contra el no indestructible
y negro, más se ensanchan
de querer abolirlas,
de afán de que no existan,
las distancias sin fondo
que quieres ignorar
abrazándome. Y siento
que tu vivir conmigo
es signo puro, seña,
en besos, en presencias
de lo imposible, de
tu querer vivir
conmigo, mía, siempre. (179)

Esas dificultades dejan su huella en la imagen de la amada. En el poema
final de *La voz a ti debida*, las sombras que los dos amantes han forjado en
"este inmenso lecho de distancias" se rebelan, "cansadas ya de infinidad,
de tiempo sin medida, de anónimo," y exigen concreciones: cuerpos en
los que encarnarse para ser "esta corporeidad mortal y rosa / donde el
amor inventa su infinito" (193–94).

Y, en efecto, los cuerpos llenan *Razón de amor*, que es el libro en el
que el amor confiesa reiteradamente su necesidad de corporeizarse, de
tomar forma y cuerpo tangible. Es una verdad que tarda en descubrir,
nos dice el poeta. En "Torpemente el amor busca" (203) asistimos a esa
búsqueda del amor, que es torpe al comienzo, que "tantea a un lado y a
otro / se tropieza con el cielo, / con un papel, o con nada." El mundo le
ofrece salidas vagas: una rosa, un día azul, una mañana, pero nada de eso
le sirve porque son "incorpóreas gracias" y "un querer, aunque venga /
de las sombras, / es siempre lo que se abraza." Finalmente, le trae "un
sueño tan parecido" a la forma que esperaba que cree haberla alcanzado,
pero tampoco es eso:

porque un sueño sólo es sueño
verdadero
cuando en materia mortal
se desensueña y encarna.

La figura de la amada, su cuerpo y su apariencia, aparece no como una herencia recibida de los padres sino como una creación de ella misma en la que se mezclan rasgos morales como la bondad con rasgos psicológicos como la bravura y rasgos físicos como la esbeltez de la pierna:

Coronada de ti, de ti vestida,
lo que te cubre el alma que tú eras
no es ya la carne aquella, don paterno,
ni los trajes venales, ni la edad.
En la común materia
—ojos, gracia, bondad, esbelta pierna,
color de los cabellos, voz, bravura—
que en ti llevabas,
te has infundido tú, y a ti te has hecho. ("Cuantos años" 223)

Las piernas volverán a aparecer en *Largo lamento*:

Tú, que tenías piernas
como dulces riberas
de algún río en estío,
frescas para el descanso
o sueño de la siesta. ("De marfil o de cuerpo" 189)

Si la amada es la creadora de su propio cuerpo también los amantes son creadores del cuerpo del otro mediante las caricias:

Las manos, no era tocar
lo que hacían en nosotros,
era descubrir; los tactos,
nuestros cuerpos inventaban . . . (¿"Cómo me vas a explicar"? 241)

En esos cuerpos inventados aparece por primera y única vez en toda la obra de Salinas el color de unos ojos:

¡Pasmo de lo distinto!
¡Ojos azules, nunca
igual a ojos azules! (242)

Ese canto a la corporeidad culmina en "Salvación por el cuerpo" (254).
El poeta nos invita a que percibamos "el ansia de ser cuerpo" que recorre
y agita el mundo entero: "Todo quiere ser cuerpo," nos dice: la mariposa
o la montaña son ensayos de forma corporal. Un mismo anhelo de tomar
cuerpo, de dejar de ser almas errantes, unifica todo el universo. Y ese
afán alcanza su plenitud en el deseo de vivir, de ser carne, cuerpo vivo:

¡Afán, afán de cuerpo!
Querer vivir es anhelar la carne,
donde se vive y por la que se muere.
Se busca oscuramente sin saberlo
un cuerpo, un cuerpo, un cuerpo.

Y en "La felicidad inminente" (275), poema final de Razón de amor, nos dirá
que es precisamente a través de esos cuerpos, en esa carne, donde el amor
se hace realidad:

Los elegidos para ser felices
somos tan sólo carne
donde la dicha libra su combate.

Del cuerpo de la amada hemos destacado ese matiz sonrosado, de
luz de luna, que es aún evocado en Largo lamento, pero hay otro elemento
que persistirá aún más. Ya en "Me estoy labrando tu sombra" el poeta
había confesado que lo que más pena le había producido era acallar su
voz, densa y tan cálida. En Razón de amor hay todo un poema dedicado a
la voz de la amada, que comienza así:

Si la voz se sintiera con los ojos
¡ay, cómo te vería!
Tu voz tiene una luz que me ilumina,
luz del oír. (227)

Ya rota la relación, en el libro póstumo Confianza, en "Presente simple"
(423) veremos cómo desaparecen todos los soportes físicos del amor: la

voz, las manos, los labios, los ojos, para quedar, solo y desencarnado, el puro amor.

> Ni recuerdos, ni presagios:
> sólo el presente, cantando.
> Ni silencio, ni palabras:
> Tu voz, solo, solo, hablándome.
> Ni manos, ni labios:
> Tan sólo dos cuerpos,
> a lo lejos, separados.
> Ni luz ni tiniebla,
> ni ojos ni mirada:
> visión, la visión del alma.
> Y por fin, por fin,
> ni goce ni pena,
> ni cielo ni tierra,
> ni arriba ni abajo,
> ni vida ni muerte, nada:
> sólo el amor, sólo amando.

Hemos visto que en la representación de la imagen del ser amado en la poesía han influido desde el comienzo dos fuerzas de distinto signo: de una parte el peso de la tradición que imponía unas reglas y unos cánones prefijados, y de otra, la subjetividad del poeta, su individualidad, que tiende a manifestarse rompiendo los cánones establecidos.

El análisis de estos cuatro poetas nos permite decir que los grandes poetas dejan su impronta en esa representación, incorporando rasgos que humanizan e individualizan la imagen del ser amado.

NOTAS

1. Edmond Faral, *Les arts poétiques du XII et du XIII siècle: Recherches et documents sur la technique littéraire du moyen âge* (Paris: Librarie Ancienne Honoré Champion, 1924).

2. Edgard de Bruyne, *Estudios de estética medieval* (Madrid: Gredos, 1958).

3. Faral, *Les arts poétiques*, 79. Las traducciones de esta obra son mías.

4. Véase María Rosa Lida, "Notas para la interpretación, influencia, fuentes y texto del *Libro de buen amor*," *Revista de Filología Hispánica* 2, no. 2 (1940): 105–50 (sobre los retratos

122–23). Para las descripciones físicas de la dama en autores medievales europeos, véase Rodolfo Renier, *Il tipo estético della donna nel Medioevo* (Bologna: Forni Editore, 1972), y Bruyne, *Estudios de estética medieval.*

5. Italo Siciliano, *François Villón et les thèmes poétiques du Moyen Age* (Paris: Nizet, 1967), 383.

6. Véase John K. Walsh, "More on Arabic vs. Western Descriptive Modes in Hispanic Literature: Brantôme's Spanish Formula," *Kentucky Romance Quarterly* 18 (1971): 3–16.

7. *Cortes de casto amor y cortes de la muerte,* prol. Antonio Rodríguez Moñino (1557; Valencia: Librería Bonaire, 1964), f. 44r–45r.

8. Dámaso Alonso, "La bella de Juan Ruiz, toda problemas," *De los siglos oscuros al de oro* (Madrid: Gredos, 1958), 86–99.

9. Félix Lecoy, *Recherches sur le "Libro de buen amor" de Juan Ruiz,* 2nd ed. (1938; Westmead: Gregg International, 1974).

10. Lida, "Notas para la interpretación, influencia, fuentes y texto del *Libro de buen amor.*"

11. Roger M. Walker, "A Note on the Female Portraits in the *Libro de Buen Amor,*" *Romanische Forschungen* 77 (1965): 117–20.

12. Juan Ruiz, *Libro de buen amor,* ed. J. Joset (Madrid: Espasa-Calpe, Clásicos Castellanos, 1981).

13. Gustavo Adolfo Bécquer, *Rimas,* ed. José Carlos de Torres (Madrid: Castalia, 1982), 120.

14. Maríano José de Larra, *El doncel de don Enrique el Doliente,* ed. José Luis Varela (Madrid: Cátedra, 1982), 293. Mi énfasis.

15. Dámaso Alonso, *Poesía española: Ensayo de métodos y límites estilísticos* (Madrid: Gredos, 1971), 510 n. 24.

16. Citado por Alonso, ibid., 510.

17. O. H. Green, "On Rojas' Description of Melibea," *Hispanic Review* 14 (1946): 254–56.

18. Pierre Heugas, "Variations sur un portrait: de Melibea a Dulcinea," *Bulletin Hispanique* 71, nos. 1–2 (1969): 5–30.

19. John Allen, "Lope de Vega y la imaginería petrarquista de belleza femenina," en *Estudios literarios de Hispanistas Norteamericanos dedicados a Helmut Hatzfeld con motivo de su 80 cumpleaños* (Barcelona: Ediciones Hispam, 1974), 5–23.

20. Véase Dámaso Alonso, *Góngora y el "Polifemo,"* 3 vols. (Madrid: Gredos, 1967), 2:73–74.

21. Las citas, cuando no se indica otra cosa, se hacen por Lope de Vega, *Lírica,* ed. José Manuel Blecua (Madrid: Clásicos Castalia, 1981).

22. Allen, "Lope de Vega," 13.

23. Véase María Soledad Arredondo, "La mirada de Lope de Vega sobre la mujer en las 'Novelas a Marcia Leonarda,'" en *Feminismo y misoginia en la literatura española. Fuentes literarias para la Historia de las mujeres,* ed. Cristina Segura (Madrid: Narcea, 2001), 81–95.

24. Lope de Vega, *Obras poéticas,* vol. 1, ed. José Manuel Blecua (Barcelona: Planeta, 1969), versos 761–64.

25. E. et J. de Goncourt, *La femme au XVIIIème siècle* (Paris: Flammarion, 1982), 155.

26. Mientras no se indique otra cosa, las citas se hacen por la edición de *Obras Completas*, ed. Emilio Palacios (Madrid: Biblioteca Castro, 1996).

27. J. H. R. Polt, "La imitación anacreóntica en Meléndez Valdés," *Hispanic Review* 47 (1979): 193–206.

28. Juan Meléndez Valdés, *Poesías selectas: La lira de marfil*, ed. J. H. R. Polt y Georges Demerson (Madrid: Clásicos Castalia, 1981), 98–100.

29. Las citas se hacen por *Poesías completas* (Madrid: Aguilar, 1956). Para las de *Largo lamento*, que no se incluyó en esas poesías supuestamente completas, las citas están tomadas de la edición de Montserrat Escartín de *La voz a ti debida. Razón de amor. Largo lamento* (Madrid: Cátedra, 1995).

30. Sobre todo, Leo Spitzer, "El conceptismo interior de Pedro Salinas," en *Lingüística e historia literaria* (Madrid: Gredos, 1955), 227–94, y Ángel del Río, "Pedro Salinas: Vida y obra," en *Estudios sobre literatura contemporánea española* (Madrid: Gredos, 1966), 178–235. Katherine Whitmore comenta sobre esto: "Los versos les parecían un trabajo de imaginación, un *amor cerebral*. Sonreí cuando leí sus reseñas, pero creo que tenían razón en parte." Apéndice a *Cartas a Katherine Whitmore* (Barcelona: Tusquets, 2002), 381.

PART 1

MASKING AND UNMASKING

(Re)Constructing the Past and Present

CHAPTER 1

Illegitimacy, Incest, and Insanity

An Analysis of Secrecy in Cecilia Valdés (Cuba, 1882)
and Carmen (Mexico, 1882)

AMY ROBINSON

Cirilo Villaverde's *Cecilia Valdés* (1882) and Pedro Castera's *Carmen: Memorias de un corazón* (1882) narrate the plight of orphaned female protagonists doomed to madness and death. *Carmen* has been compared to Jorge Isaacs's *María* (1867) for its heartwrenching love story involving a tragic young girl (González Peña 8–11). However, this investigation posits that the underrated Mexican novel can be more aptly compared to Villaverde's highly acclaimed abolitionist novel about an orphaned girl living in a society of secrets.[1] Both novels were published in 1882, a time in which colonial Cuba and post-Reform Mexico were experiencing significant political and cultural transformations. Yet instead of directly addressing and depicting the tensions of the day, each novel implicitly problematizes and thus critically thematizes the incapacity of socially marginalized groups to know and/or relate their place in society. The agonizing threat of incest becomes the inevitable consequence of the female protagonists' systematic disempowerment, and insanity becomes their only recourse for self-expression.

This analysis examines how each novel's narration constructs a web of secrets that lead to the demise of several of its characters. I argue that the tragic endings provoke a critique of social and political contexts that call for the deliberate marginalization of those who would seem to threaten idealized, spotless images of families and societies. The common themes of incest and secrecy reveal that both novels' fictional communities are composed of sharply incompatible interests and value systems. This condition belies the pretense of cultural solidarity that was often projected by the dominant classes at that time.

The highly influential theories of Benedict Anderson, Homi Bhabha, and Doris Sommer have made it clear that the novel, like the act of telling, performs a critical role in the establishment of a collective, conceptual imaginary, which is defined as a bond between conationals (and which is especially evident in the nineteenth century). However, certain nineteenth-century narrative styles create a relationship between readers and nation that is distinct from nationalistic intellectual imagining, disseminating or founding a collective identity for the masses. *Cecilia Valdés* and *Carmen* are examples of nineteenth-century literature that position their readers as critics of the dominant social order because the narrative exposes them to the potentially destructive ideologies that inform and enforce that order. In other words, the nation is imagined in these novels as a two-way exchange in which the subjects of the nation are not encouraged to enlist in the available hegemonic pact. Rather, they are cautioned to question the legitimacy of the pact itself. This is undoubtedly clearer, and more clearly political, in the Cuban novel.

Cirilo Villaverde published the definitive version of *Cecilia Valdés* in 1882, just after the abolition of slavery and just before independence from Spain. According to Doris Sommer, it is considered to be Cuba's "national novel" from the postabolition era, and yet the "national" imaginary was obviously unconsolidated and splintered by a long history of institutionalized and color-coded inequalities (*Foundational Fictions* 126). So whose national novel is it?[2] Benedict Anderson's discussion of the nation as an imagined community implies that national identity is a construct of the dominant society and that a singular image of the collectivity will eclipse any alternative stories or ideologies that might emerge from the social and political margins. Claudio Lomnitz counters that notion by arguing that Anderson's "emphasis on horizontal comradery covers only certain aspects of nationalism, ignoring the fact that nationalism always involves articulating discourses of fraternity with hierarchical relationships, a fact that allows for the formulation of different kinds of national imaginaries" (11). In the context of the nineteenth-century novel, this suggests that the depiction of a national imaginary does not represent the conciliation of a nation's fragments, but rather an unmasking of the conflicts inherent in such an undertaking.[3]

Villaverde's novel portrays a vast and detailed panorama of Cuba's geography, traditions, language, and social relations that tends to distinguish the colony from the metropolis. In this way, the novel belongs to the future of an independent Cuba, which looks forward to shedding itself of its colonial systems of power and incorporating the masses into a new kind of hegemony in which slavery would be abolished, although white privilege would remain deeply engrained. However, the narration of *Cecilia Valdés* reveals the existence of many dissimilar, nonintegrated and even antagonistic social factors that stymie the collective identification among would-be citizens. Examples of social tensions range from the relatively innocuous commingling of traditional and modern worldviews or multiple languages to the forceful backlash against white privilege. It is this backlash that is portrayed as the root of the colony's demise and as a potentially destructive factor in the formation of a postcolonial Cuba. Sommer analyzes the role of the narrator in *Cecilia Valdés* to argue that the novel's dominant society attempts to create a "guarantee of privilege" for its select members by withholding information and using deceit ("Who Can Tell?" 192). Indeed, the narration—laced with secrets—illustrates the process by which the dominant society protects its control over who counts/*quién cuenta* in the emerging Cuban imaginary. Cecilia's tragic story can be seen as a symbolic manifestation of this situation.

Cecilia is an orphaned, light-skinned mulatta with a racist-inflected desire to marry a white man, to have light-skinned children, and generally to ascend in the island's social hierarchy. Cecilia's white father, Don Cándido Gamboa, refuses officially to acknowledge his nonwhite mistress or their daughter, and he actively silences those who can reveal his secret; Cecilia has no idea of her father's identity. In the process, Cecilia's mother goes insane and is institutionalized, banished from the dominant society by her lover's use of deceit and secrecy to maintain his privilege. The secret of Cecilia's identity is initiated and policed by

Gamboa, and it gradually infects a larger web of relationships in that Cecilia tragically falls in love with Gamboa's legitimate and white son, Leonardo. The half-siblings, unaware of their biological relationship, become lovers and ultimately have a daughter together. Guided by his father's example and the dominant society's racist belief system, Leonardo ultimately rejects his nonwhite lover in order to marry and thus to legitimize a white bride. This injustice drives Cecilia to fulfill her family destiny: she, too, is sent to the asylum. As witnesses to this destructive and circular social logic, the novel's readers fully grasp that Cuba's social and cultural reality has not provided a viable model for a postcolonial, national community. Rather, they see that a national community is ultimately destined to self-destruct when it protects only certain identities and interests by systematically silencing, banishing, and defeating those who represent an alternative.

An examination of the novel's heroine uncovers the extent to which a colonialist ideology infects the interpellated subject. Although Cecilia is an innocent victim of a society that refuses to legitimize multiracial couples, she upholds a racist mentality in that she aspires to improve her social status by integrating herself into the privileged white domain. Instead of criticizing her for this attitude, the narrator attributes it to how the colonial mentality has penetrated the conscience of the colonized (52). Indeed, even after learning that Leonardo will marry another woman, she pleads to her enraged friend, José Dolores Pimienta, that he spare Leonardo's life and kill the bride instead. The love that Cecilia still harbors for her racist half-brother reveals the degree to which Cuban society has conditioned her to consent to her own subjugation.

Like Cecilia, many of the black and mulatto characters in *Cecilia Valdés* seem powerless to combat the colonial condition in which they live. However, the narration contains notable examples of alternative languages or registers that allow certain characters to break free from the expectations of dominant society, exposing its repressive tendencies. For example, Pimienta is a free mulatto whose music would seem to unite blacks and whites in a transculturated island community. Yet despite his typically content and conciliatory behavior, Pimienta ultimately avenges his beloved Cecilia by killing her racist ex-lover. In doing so, according to Humberto López Cruz, he becomes the first mulatto in the history of Cuban literature to kill a white man (58). Although Pimienta does not alter the fictional society in which he lives, his boundary-breaking outburst serves as a warning that the dominant classes have not secured obedience from their subjects. The novel's final image of the musician fleeing into the unknown imbues this national novel with a spirit of resistance that his character only occasionally enacts but always discreetly symbolizes.

At another register of narrative communication, "José Dolores" and "Pimienta" are names recognized in Cuban history. José Dolores was the name of a legendary leader of a band of runaway slaves during La Escalera of 1844, a time of heightened slave repression (Paquette 178–79). The surname Pimienta was also made famous during that era by a free mulatto named Santiago Pimienta, who risked his fortune to fight for the abolitionist cause (225). The sharp offensive against the abolitionist cause resulted in the defeat of both José Dolores (221) and Santiago Pimienta (225); however, their legacies would seem to live on in the pages of Villaverde's novel. Another historical allusion wandering freely but covertly in the narrative of Cecilia Valdés is to the famously rebellious poet, Plácido, who attends one of the novel's dances and even socializes with Cecilia. Although he only makes a brief appearance in the novel, during the 1840s Plácido's poetry was feared and suppressed by the government because he was considered "the most famous person of color in Cuba," whose very name was a tool for recruiting slaves for organized rebellions (Paquette 259).

This overlap between literary and historical characters creates a counternarrative for Cuban identity in that it functions as an alternative secret to those guarded by the dominant classes. That secret is that resistance pervades the society in which Cecilia lives and that refusing to endorse or conform to the ideology of white privilege exists as a viable mode of citizenship. Cecilia Valdés, as Cuba's national novel, therefore represents the nation as a chorus of voices and interests that do not simply meld together through a longing for unification and legitimacy. Instead, the novel's multiple voices articulate a critique of the costs of unification: the nonwhite majority risks being relegated to the shadows of a collective imaginary as long as the national story is controlled and narrated by the elite.

Pedro Castera's *Carmen* depicts a dynamic comparable to that of *Cecilia Valdés*: the dominant society creates false appearances of harmony and legitimacy, when reality is much more complex and controversial. Yet the novel's historical background is sharply dissimilar from the strained colonialism of *Cecilia Valdés*. In 1882, there was not an explosive national movement on the Mexican horizon, but rather a sense that Mexico was transitioning out of postcolonial chaos and evolving into a more modern and more united country. Despite Mexico's relative stability in comparison to Cuba, both countries' social and political elite struggled to construct a collective identity for their citizens to embrace. In Mexico, that identity reflected the cohesive and progressive national family, and in *Carmen* there is a blunt critique of that image.

Carmen is a tragic love story about a young orphaned girl who essentially dies of a broken heart after her true love's mother prohibits him from marrying her. Its melodramatic, sentimental style has prompted descriptions of the novel as a descendant of romanticism, and Vicente Riva Palacios lauds the novel and its author for helping to inject a spirit of love and romance into a society that was increasingly defined by empiricism and rationality (20–22). However, there is an important element that distinguishes *Carmen* from this relatively bland sentimentalism. The male protagonist is prohibited from marrying the lovely orphan because she would seem to be, as basically everyone except Carmen deduces, his daughter.

The narration takes the form of an extended confession, in which the male protagonist recounts his heartbreaking life story and expresses his remorse about his doomed love with Carmen. As in *Cecilia Valdés*, *Carmen*'s narrator relates the tragedy that occurs when socially empowered groups insist on concealing the identity of an illegitimate child. The unstable nature of Carmen's identity pivots around her peculiar arrival to the house. As an infant, Carmen is abandoned on the street and then discovered in a basket by a man returning home from a typical evening of heavy drinking. She grows up with him and his mother as a loving and beautiful, although somewhat sickly, daughter/granddaughter. In order to avoid controversy, Carmen has always been told that she is this man's biological daughter, and only a few characters are privy to the history of her origins. This top layer of secrets is broken during Carmen's adolescence, when a servant divulges to Carmen that she came to the family as an orphan. Rather than simplifying the family dynamic, this information underscores the evasive nature of truth in a society that is more concerned with social appearances than with reality. As Carmen explores a romantic relationship with the man she had always thought of as her father, the narration continually suggests that there are other, tragic layers of secrets yet to be uncovered. The happy family unit is thereby exposed as a complex illusion, covering up a knot of secrets that the reader must untangle by wading through the incomplete memories of the narrator.

The most striking manifestation of the novel's overwhelming sense of secretiveness is that the man and his mother are never named. This creates an environment in which it often seems impossible to distinguish the characters' relationships in the household, and so ambiguity becomes the tie that binds the family together. For example, Carmen refers to the man as "father" or "daddy"[4] because she believes that he is her biological parent. In this case, the man's mother would be Carmen's grandmother. Yet because she is the dominant female figure in the household, both Carmen and the man refer to her as "mother" or "mommy." Correspondingly, the man's mother refers to both of them as her children, as though they could be siblings. Obviously, none of these affectionate expressions is culturally inappropriate, and yet the perception that familial and romantic love may be unwittingly intertwined continually spotlights the grave dangers of living in a society that seems to prefer appearances over the truth.

When Carmen first learns that the man is not related to her, a new kind of love begins to emerge between them. After being away for two years, the man returns to their house in Tacubaya to rediscover Carmen as a young woman in love with him. Although he has never considered her as anything more or less than an adopted daughter, her romantic interest sparks corresponding feelings in him. They secretly explore a decidedly nonfamilial relationship while maintaining the public appearance of father and daughter. The man's mother remains confident that the affections between her son and Carmen are pure because she knows yet another layer to the household's unspoken truths. After her drunken son found the abandoned Carmen, he gruffly handed over the baby to his mother and went immediately to sleep. The mother could only assume that he had read the note attached to the baby, which was written by the man's ex-girlfriend, Dolores. The baby, it explains, is his. The note goes on to say that Carmen's biological mother cannot recognize or raise this child because its illegitimacy would bring dishonor to her family.

Similarly pandering to social appearances, the mother strictly avoids speaking of that night because it brings to light the man's history of drinking and debauchery. And, as a consequence of this secrecy, the mother wrongly assumes that her son is aware of Carmen's origins. This grave misunderstanding reaches catastrophic levels when, after clandestinely courting Carmen for the majority of the novel, the man finally declares to his mother that he and Carmen have fallen passionately in love. Accompanied by a violent thunderstorm that whips up outside, the mother's rage brings the novel's illusion of this happy family to a dramatic halt. As the mother bewails the fact that her son would willingly enter into an incestuous relationship, it is finally clarified for both the man and the novel's readers that Carmen is his daughter. Their blossoming love is suddenly perceived as having horrifically crossed boundaries set by family and societal norms. Moreover, it is because those boundaries had not been made clear that they could be tragically defied.

Carmen's overriding theme is that secrecy and deference to social norms dictate the telling of the family's story. The solitary threesome adheres to a rigid sense of order defined by social and religious values as well as by their unwavering respect for empirical knowledge. They insulate their own order by only rarely appearing in public and almost never speaking frankly about the doubts that taint their relationships with one another. By the time the last secret is revealed—that Dolores had actually lied about the man being Carmen's father—the reader has lost all faith that the real truth can ever be told or known. Even as the doctor rushes to get documented evidence of Carmen's truly mysterious origins at an orphanage, the suspicion lingers that yet another incestuous twist might be on the plot's horizon. The narration implants this doubt by explaining early on that Carmen's rare heart defect is the same one that the man's father had, insinuating the nagging possibility of a biological link. That possibility does not play out, however, because the novel abruptly ends when Carmen's heart, weakened by poor health and emotional turmoil, gives out before the man can fully divulge how the series of secrets surrounding her origins have unnecessarily kept them apart for so much precious time. Yet the tragedy of *Carmen* is not that the lovesick orphan dies a premature death. Rather, the tragedy is that this family's past has been made intentionally murky to appease a society that privileges the appearance of harmony over knowing and expressing the true nature of each member's identity.

The narrators of *Carmen* and *Cecilia Valdés* guide their readers through a complex web of family and community secrets and, in doing so, render visible the inner workings of apparently flourishing societies whose success seems to depend upon relegating certain identities and information to the margins. This context creates tragic consequences for two orphaned girls, which challenge the novels' readers to think critically about social conventions that are designed to create a strict order within the family, the community, and perhaps the nation. As the secrets designed to protect society's uncertain stability are gradually broken, a new vision of the collectivity takes hold. The result is a reimagining of the national community, in which individuals are not required to sacrifice their selves to the demands of a dominant society founded on unearned privilege. Instead, these nineteenth-century novels allude to a need for individuals to play an active role in constructing their own social and political realities, in which each member's identity counts.

NOTES

1. While there is a considerable amount of scholarship dedicated to *Cecilia Valdés* (though very few formal studies of *Carmen* have been done in either Mexico or the United States), Villaverde's novel has rarely been placed in the broader context of nineteenth-century Latin American novels, whose tropes of silence and secrecy may perform a political and/or cul-

tural critique. The focus of this comparative study is on the intersection between the two novels' themes of incest and silence (as well as on the repercussions those social problems have on women's lives); the aim is further to illuminate a broader theoretical point about the construction of the national imaginary and the power of literature to critique hegemonic projects. Further investigation into this topic could also include, for example, the Brazilian novel by Machado de Assis, *Dom Casmurro* (1900).

2. This question is derived from Partha Chatterjee's critique of Benedict Anderson's theory of nationalism, in which he asks "whose imagined community" (3) is actually constructed by the tools of nationalism (3).

3. This discussion was drawn from Chapter 1 of my doctoral dissertation, *Bandits, Outlaws, and Revolutionaries in Mexican Literature, 1885–1919* (2003).

4. In the original Spanish, Carmen usually refers to the man as *padre* or *papaíto* and to his mother as *madre* or *mamita*. However, toward the end of the novel the narrator remarks that she begins to call the man *amigo* after they proclaim their romantic interest in each other (174).

WORKS CITED

Anderson, Benedict. *Imagined Communities: Reflections on the Origin and Spread of Nationalism*. New York: Verso, 1991.

Bhabha, Homi, ed. *Nation and Narration*. New York: Routledge, 1990.

Castera, Pedro. *Carmen: Memorias de un corazón*. 1882. México: Editorial Porrúa, 1972.

Chatterjee, Partha. *The Nation and Its Fragments: Colonial and Postcolonial Histories*. Princeton: Princeton University Press, 1993.

González Peña, Carlos. "Prólogo." *Carmen: Memorias de un corazón*. By Pedro Castera. México: Editorial Porrúa, 1972. 7–15.

Holland, Norman S. "Fashioning Cuba." *Nationalisms and Sexualities*. Ed. Andrew Parker, Mary Russo, Doris Sommer, and Patricia Yaeger. New York: Routledge, 1992. 147–56.

Lomnitz-Adler, Claudio. *Deep Mexico, Silent Mexico: An Anthropology of Nationalism*. Minneapolis: University of Minnesota Press, 2001.

López Cruz, Humberto. "Cecilia Valdés: La mulatería como símbolo de identidad nacional en la sociedad colonial cubana." *Hispanófila* 125 (1999): 51–61.

Machado de Assis, Joaquim Maria. *Dom Casmurro*. Rio de Janeiro: Editora Record, 1998.

Paquette, Robert L. *Sugar Is Made with Blood: The Conspiracy of La Escalera and the Conflict between Empires over Slavery in Cuba*. Middletown, Conn.: Wesleyan University Press, 1988.

Riva Palacios, Vicente. "A Pedro Castera." *Carmen: Memorias de un corazón*. By Pedro Castera. México: Editorial Porrúa, 1972. 19–22.

Robinson, Amy. "Bandits, Outlaws, and Revolutionaries in Mexican Literature, 1885–1919." Ph.D. diss., University of Minnesota, 2003.

Sommer, Doris. *Foundational Fictions: The National Romances of Latin America*. Berkeley: University of California Press, 1991.

———. "Who Can Tell? Filling in Blanks for Cirilo Villaverde." *Writing the Nation: Self and Country in the Post-Colonial Imagination*. Ed. John C. Hawley. Atlanta: Rodopi, 1996. 88–107.

Villaverde, Cirilo. *Cecilia Valdés: Novela de costumbres cubanas*. México: Editorial Porrúa, 1995.

CHAPTER 2

La invención interminable de la historia deseada en Lo raro es vivir, de Carmen Martín Gaite

VILMA NAVARRO-DANIELS

Lo raro es vivir (1996) nos sumerge en los recuerdos de Águeda Soler, narradora y protagonista de esta novela. A través de un relato en primera persona singular, Águeda nos hace partícipes de los hechos vividos durante una semana de su vida a sólo pocos meses de la muerte de su madre. Al evocar estos sucesos a dos años de distancia, Águeda pone de manifiesto los sentimientos ambivalentes hacia su madre, rememora una antigua historia de amor así como confirma su actual relación de pareja. En esa semana, ella restablece la comunicación con su padre e incluso suplanta a su madre muerta en una visita a su abuelo. No pocas veces, Águeda comenta sobre la tesis doctoral que está desarrollando acerca de Luis Vidal y Villalba y su criado, Juan de Edad, personajes del siglo XVIII que, al parecer, se vieron envueltos en una conspiración a favor de la independencia de las colonias españolas en América del Sur.

En la presente lectura de Lo raro es vivir, se intentará demostrar que Carmen Martín Gaite se vale de esos comentarios de Águeda así como de algunos elementos metaficcionales para cuestionar el estatus del saber histórico como ciencia, a fin de proponer que ésta se enmarca dentro de un modelo narrativo ficcionalizante, negando, además, la validez de las explicaciones con pretensiones de totalidad. Cabe destacar el rechazo de Martín Gaite hacia todo intento por cerrar un discurso, por determinar y constreñir un tema, llegando a declarar que odia las definiciones (Ramos 117). Por el contrario, la autora celebra aquellos relatos que, aún queriendo referir "la verdad de los hechos," dejan abierta una brecha a la incertidumbre, permitiéndole al lector "disfrutar de su derecho a la duda" (Martín Gaite, El cuento 193), lo cual sólo es posible cuando una historia no rehuye el riesgo de "explorar las rutas imprevistas que el propio cuento vaya presentando" (El cuento 18). Martín Gaite ha dado el nombre de narración "tanathos" a todo discurso cerrado que "cae sobre él [el interlocutor] como un alud que no admite controversia" (El cuento 299). Las describe como "narraciones inmanentes, granizadas de pedrisco que hay que aguantar agachando la cerviz. . . . La narración 'tanathos' nunca pretende rectificar ni transformar aquello que enuncia, pero exige indefectible aceptación" (El cuento 299).

En Lo raro es vivir, la historia personal de la narradora y la de Vidal y Villalba se hallan profundamente imbricadas. Tanto es así que al ir comprendiéndolo a él, Águeda también va esclareciendo algunas zonas de su propio ser. La novela insinúa la necesidad de volver sobre el pasado para construir una identidad en el presente. La narradora intenta clarificar su propia historia para darle un sentido a su vida actual. Su trabajo como archivera le permite entender que se puede recomponer el pasado de un muerto a través de papeles, sin sospechar que su propia vida resultará "recompuesta" por medio de la investigación histórica en la que se encuentra involucrada. En esta línea de aproximación a la novela se inscriben los aportes de Nuria Cruz-Cámara, quien ha señalado que "a través de la escritura de la tesis tanto la labor de narradora como la de lectora se tematizan. Águeda está escribiendo la vida de don Luis Vidal y Villalba y, en el proceso, se da cuenta del paralelo que esta tarea tiene con el intento de desentrañar su propia vida, esto es, de narrársela" ("Un aspecto" 38). De esta manera, se funda una correspondencia entre la investigación histórica y la búsqueda en la memoria individual ("Un aspecto" 38).

Por otra parte, en Lo raro es vivir se establece una relación entre dos modalidades discursivas, una que sería inherente a la ficción y otra que sería propia del saber histórico. Como se verá, la distinción entre ambas es sólo aparente, pues a lo largo de la novela un nivel de narración irrumpirá en el otro y viceversa, volviendo borrosas las fronteras que supuestamente los separan. Como Linda Hutcheon sostiene, la literatura y la historia fueron consideradas ramas del mismo árbol del conocimiento

hasta antes del ascenso de la concepción de la historia como ciencia durante el siglo XIX. Hoy, más bien, se intenta ver qué tienen en común las
dos disciplinas (105). Hutcheon caracteriza la historia y la ficción como
géneros porosos, con límites elásticos. De allí que haya influencia mutua
o que se superpongan (106).

Es importante también destacar el análisis de la estructura profunda
de la imaginación histórica llevado a cabo por Hayden White, quien concluye que toda obra histórica es una estructura verbal en la forma de un
discurso narrativo en prosa. Una obra histórica no es sólo los datos o
los conceptos teóricos utilizados, sino también una estructura narrativa, un contenido estructural generalmente poético y específicamente
lingüístico que sirve como el paradigma aceptado pre-críticamente que
distingue lo que debe ser una explicación histórica. Ese paradigma es un
elemento metahistórico (ix). Esta estructura de la imaginación rige las
posibles combinaciones entre las diferentes maneras de urdir una intriga
o trama, los distintos paradigmas de la explicación histórica, y las diver-
sas posiciones ideológicas. Los diferentes tipos de asociaciones entre
estos elementos configuran estilos historiográficos coherentes puesto
que se enlaza una estructuración narrativa, una operación cognoscitiva,
y una implicación ideológica. El historiador prefigura el campo histórico
y sobre eso trae las teorías que usará para explicar lo que "realmente"
pasó (x). El historiador crea su objeto de análisis y, al mismo tiempo,
predetermina la modalidad de las estrategias conceptuales que utilizará
para explicarlo (xi).

En la novela que ahora nos ocupa, Martín Gaite busca poner de
manifiesto este papel del historiador como creador de su objeto de estudio. Como lectores, todo lo que conocemos de Vidal y Villalba nos viene
referido por Águeda. A través de ella, sabemos que este curioso individuo
y su criado acostumbraban mentir, entendiendo por esto la insaciable
tendencia de don Luis por magnificar su vida, lo cual le valió veinte años
de cárcel (44). En Vidal y Villalba se realiza lo expresado por Martín
Gaite sobre la necesidad humana de reinventar la propia vida. Según la
escritora salmantina, cuando alguien ficcionaliza su historia personal
es porque quiere "liberarse de la servidumbre de su propia biografía"

(*La búsqueda* 15). Martín Gaite se pregunta, "a quién no le ha agobiado alguna vez su propia biografía, quién no ha sentido el deseo de arriar el personaje que la vida le impele a encarnar y con cuyo espantajo irreversible le acorralan los malos espejos, esos ojos que no saben mirar ni leer más que lo ya mirado o leído por otros?" (17).

Al tratar de darle un contexto a su personaje, Águeda realiza una crónica de algunos momentos de la conquista española del continente americano así como de la colonia, declarando gran admiración por José Gabriel Tupac Amaru. Lo que llama la atención es la manera como Águeda cuenta todo esto a los otros personajes. Nuria Cruz-Cámara ha advertido que "Águeda escribe un libro de Historia que más parece novela, y enfatiza así el carácter más o menos ficticio de toda historia" ("Metaficción" 192). Lo dicho se ve corroborado por la reacción de la madre de la protagonista, quien se apresura a declarar que la historia de Vidal y Villalba "parece una novela policiaca" (202). Tomás, la pareja de la narradora, también concuerda en que esta historia "parece una novela" (*Lo raro* 45), e insta a Águeda a que escriba la tesis empleando un estilo similar al que utiliza cuando le refiere la historia a él, idea que es descartada de plano por la narradora.

A pesar de que ella trata de establecer una línea divisoria entre novela e historia, se da cuenta de que esos límites son imprecisos. "Si es que tú no sabes la cantera que son los papeles de archivo, las cosas tan delirantes que aparecen, lo malo luego es atar cabos para ir adivinando lo que pasó de verdad, igual que en las pesquisas policiacas. Y darle forma, claro" (*Lo raro* 45). Lo dicho concuerda con ciertos planteamientos de Hutcheon, para quien "both history and fiction are cultural sign systems, ideological constructions whose ideology includes their appearance of being autonomous and self-contained" (112). Sin embargo, en *Lo raro es vivir*, historia y ficción convergen, y al hacerlo, se socava esa apariencia de autonomía y auto-contención. Puede sostenerse que esta novela es consciente del modo como la narración del pasado es construida.

Águeda basa gran parte de su conocimiento sobre Vidal y Villalba en documentos encontrados en el archivo; vale decir, no tiene cómo verificar la información. Su referente no es Vidal y Villalba y su criado, ni tampoco los testigos de las aventuras y desventuras que ambos vivieron, sino textos. Dicho de otra manera, su referente es necesariamente un discurso que, como tal, ha hecho ya su selección acerca de la inclusión y exclusión de unos sucesos. Esto guarda estrecha relación con la diferenciación que Hutcheon establece entre los "sucesos" y los "hechos," en donde estos últimos son definidos discursivamente mientras que los primeros no (119). Según Hutcheon, los "sucesos" son configurados como "hechos" al ser relacionados con matrices conceptuales dentro de las cuales son enmarcados, si han de contar como hechos. Lo relevante es que tanto la historiografía como la ficción constituyen sus objetos decidiendo qué sucesos llegarán a ser hechos (122). Como la misma Martín Gaite aclara, los acontecimientos reales, antes de ser contados, poseen un orden que no coincide necesariamente con la estructura que asumirán al ser transformados narrativamente. "Hay un desfase entre el orden de los acontecimientos y su orden de sucesión dentro del relato" (El cuento 311).

La historia de Vidal y Villalba, como se apunta en la novela, "unas veces se entierra y otras vuelve a asomar, incompleta" (51); se amalgama con otras historias cercanas, pero siempre hay zonas que permanecen oscuras y llenas de misterio. Dado lo anterior, la narradora explícitamente manifiesta sus dudas así como también nos comunica las decisiones que va tomando a fin de completar aquella información de la cual carece. Martín Gaite produce un personaje que, a su vez, está creando otro. "Tal vez si algún día me decido a redactar en serio mi trabajo sobre el aventurero mentiroso y su criado, lo más brillante sería hacer aparecer a Tupac Amaru en el primer capítulo, como contrafigura heroica del sórdido don Luis. Cuando lo pienso, me parece oír los cascos de su caballo blanco vadeando un río a todo galope para escapar del fuego enemigo" (51).

Lo que resulta desafiante para un concepto de la historia como ciencia es que, mientras Martín Gaite concibe un personaje de una obra de ficción, Águeda, éste, a su vez, inventa un personaje para su tesis doctoral de historia. El doble acto de creación, el de Martín Gaite y el de Águeda, equipara ambos procesos de la imaginación, haciendo visible el alto grado de ficcionalización que el saber histórico implica. Con ello, Martín Gaite destaca la importancia y la necesidad de la invención cada vez que intentamos dar un orden a los diferentes acontecimientos, sean estos parte de la historia privada y personal o de la historia nacional y colectiva. Según Hutcheon, el proceso de narrativización ha llegado a ser visto como una forma central de la comprensión humana, de la imposición de significado, y de la coherencia formal sobre el caos de los eventos. "Narrative is what translates knowing into telling. . . . The conventions of narrative in both historiography and novels, then, are not constraints, but enabling conditions of possibility of sense-making" (121).

El significado y orden que Águeda intenta imponer a los fragmentos textuales sobre Vidal y Villalba son perturbados por el constante paralelismo que la narradora percibe entre ella misma y su anti-héroe. El rasgo de Vidal y Villalba con el que Águeda más profundamente se identifica es su habilidad para tejer historias, o, dicho de otro modo, su incapacidad "de separar mentiras de verdades" (59). Águeda se percibe a sí misma como una persona que gusta de divagar y coser "la verdad con hilos de mentira" (65). En efecto, a lo largo de la novela, la narradora se auto-presenta como alguien que apela permanentemente al cine y a la literatura para explicarse sus propias vivencias y para relatar, a otros, narraciones extraordinarias disfrazadas de verdad. En ocasiones, sus historias cobran tal carga de verosimilitud que hasta ella misma comienza a creerlas. Esta actitud es interpretada por la propia Águeda como un contagio por parte de Vidal y Villalba (81). Tanto la narradora como su anti-héroe encarnan la aptitud y talento que Martín Gaite vislumbra en el protagonista de su cuento infantil preferido, "El gato con botas." Utilizando la metáfora del tejer y urdir historias con hilos de mentira anteriormente mencionada, Martín Gaite señala que hay personajes y personas capaces de sobreponerse a lo que les sucede, transformándose así en dueños de su propio destino al tomar "los cabos para enhebrar y tejer la historia de lo que le[s] está pasando" (El cuento 145). Águeda y Vidal y Villalba, así como el gato con botas, son personajes que tienen una imaginación tan vehemente que logran convertir la mentira en verdad. Rechazan la realidad no para abrazar un fácil escapismo sino para asumir la tarea de ser gestores de realidad. En palabras de Martín Gaite, "rebelándose ante la fatalidad de los hechos, empieza[n] por contárselos a sí mismo[s] de una manera distinta, urde[n] una ficción que los transforma y magnifica" (*El cuento* 148). De esta manera, imponen su invención como algo verdadero, "modifica[n] un acontecer que parecía irremediable," ya que "han operado el prodigio de convertir en posible lo inverosímil" (*El cuento* 148). La novela reproduce partes de documentos tales como el relato de un testigo de la ejecución de Tupac Amaru (88–89) y un fragmento de un artículo sobre Vidal y Villalba escrito en catalán (123), los cuales podrían considerarse un apoyo que brinda cierto grado de confianza y veracidad a la investigación. Sin embargo, este amago de objetividad es socavado por la permanente inscripción de la subjetividad de Águeda en su proceso de indagación, subjetividad que permea sus nada ortodoxos métodos de análisis. Es así como, por ejemplo, decide tomar como interlocutor a Gerundio, su gato, pues se da cuenta "de que era con él con quien necesitaba hablar antes de ponerme a escribir nada, ... que si le contaba la historia de Tupac Amaru como a un gato de cuentos de hadas, no sólo la entendería sino que tal vez me ayudase a entenderla mejor a mí con la aportación de algún dato secreto" (85). Águeda también destaca que ordena sus fichas bibliográficas y papeles como si fueran una "especie de baraja de nigromante" (85). De este modo, Martín Gaite deliberadamente introduce elementos que el lector asocia con la fantasía y la magia para poner de relieve los posibles vacíos de todo intento por reconstruir el pasado, vacíos que son completados por el historiador. Al recurrir a elementos tomados de los cuentos de hadas así como aquellos vinculados con la hechicería, la autora enfatiza el margen de invención que posee la narración del pasado y el poder exorcizante que pueda implicar, lo cual proyecta el saber histórico mucho más allá de las restringidas funciones explicativas. De hecho, Martín Gaite reconoce que, a la hora de contar ciertos acontecimientos, el sujeto narrador incorpora elementos completamente ajenos al plano de lo que comúnmente consideramos "la realidad," entre los cuales pueden citarse las lecturas que ese individuo haya realizado, sus sueños, sus deseos, y sus invenciones. El narrador lleva a cabo "un proceso de elaboración y recreación particular, donde, junto a lo ocurrido, raras veces se dejará de tener presente lo que estuvo a punto de ocurrir o lo que se habría deseado que ocurriera" (*La búsqueda* 23).

Si enlazar la narración histórica con los cuentos de hadas desestabiliza la pretendida cientificidad de la historia, esto se ve maximizado si se caracteriza al cuento de hadas como un relato que contiene pistas engañosas. "En todos los juegos infantiles, en los cuentos de hadas, en las adivinanzas, hay una o varias pistas engañosas. Y más tarde también en las novelas policiacas, y en la investigación judicial y en las conjeturas sobre la conducta sospechosa de un amante. Contraponer la verdad al engaño es el juego por excelencia, aunque difícil: o nos engañamos o nos engañan" (La búsqueda 96).

Águeda se siente particularmente engañada por Vidal y Villalba, de quien empieza a sospechar que fue un gran mentiroso, un hombre que gustaba de inventarse una vida que no poseía con tal de ser apreciado por los demás (Lo raro 149). Entre los atributos ficticios que don Luis se auto-adjudicó, Águeda cuenta "la máscara de conspirador" con que su anti-héroe se revistió, "incapaz de transitar por caminos que le apeasen de lo ilusorio" (97). No obstante, Águeda también se inserta dentro del elenco de los creadores de ilusión. Cuando intenta desentrañar qué tipo de relación hubo entre su madre y Rosario Tena —la profesora de historia del arte a quien le "aburren las totalidades" y que no concibe "el conocimiento más que de forma fragmentaria" (176)— Águeda elucubra basándose en la película All About Eve (1950) de Joseph Mankiewicz. "Todo lo que ignoraba de la amistad posterior entre Rosario y mamá lo inventaba sin querer sobre la falsilla de un guión cinematográfico servido por dos rostros de mujer en blanco y negro," para terminar asegurando: "me alarmó mi permanente y viciosa instalación en lo irreal" (121).

A través del documento escrito en catalán, Águeda se informa sobre los años de encarcelamiento de Vidal y Villalba así como de su muerte, acontecida en 1803 en el Peñón de Gibraltar (145). También descubre el nombre de una amante de don Luis, Carlota Picolet, "un nombre de novela" (139), según se apresura a agregar la narradora. El documento en catalán es descrito como un compendio que "sólo tenía seis páginas," pero que así y todo "era como el cañamazo para bordar los demás apuntes dispersos" (139). Siguiendo a Hutcheon, habría que decir que Martín Gaite nos hace partícipes de un doble proceso: la recolección de datos históricos y el intento de Águeda por asimilarlos, por construir un orden narrativo, todo lo cual indica el reconocimiento paradójico de que la "realidad" del pasado sólo puede sernos accesible de un modo *textualizado* (114).

Águeda confiesa estar cada vez más confundida en relación a su investigación, puesto que se le entrecruza con las historias de otros personajes así como con la suya propia, llegando a convertirse en algo vital (145). Es como si la tesis en la cual se encuentra embarcada tuviera vida y ritmo propios que se le imponen a la narradora. Martín Gaite ha sostenido que "a medida que andas desarrollando un tema, a tientas un poco en tu propia mente, el mismo texto te va dando sorpresas también a ti," para luego agregar que una narración poco a poco se va descifrando para quien la escribe, se va revelando en la medida en que va siendo escrita (Medina 192).

Águeda se cuestiona acerca de la factibilidad de imaginar la vida de un hombre del siglo XVIII desde la perspectiva del siglo XX (157). En el presente de la novela, Águeda lleva unos seis años realizando su tesis sobre Luis Vidal y Villalba, y nos confiesa que hace sólo una semana la ha retomado (228). Con todo, ella misma manifiesta sus dudas acerca de la posibilidad de terminarla alguna vez. Se da cuenta de que los "puntos oscuros" de esta historia no sólo permanecen, sino que proliferan. A pesar de lo dicho, y aunque nunca llegue a poner el punto final a esta investigación, "no la doy nunca ni por cancelada ni por olvidada" (46). Esta actitud ante el saber histórico coincide con lo expresado por Hutcheon al sostener que gran parte de la metaficción actual sugiere que reescribir o re-presentar el pasado, tanto en la ficción como en la historia, es abrirlo al presente y resguardarlo de pretensiones conclusivas y teleológicas (110). Para que esto sea viable, ha de tratarse de una representación del pasado —usando la expresión de Águeda Soler— "sin miedo a las tachaduras ni a las repeticiones," pues, como ella firmemente cree, la historia no es sino un borrador, ya que "las vidas van siempre en borrador, tal que así las padecemos, nunca da tiempo a pasarlas en limpio" (*Lo raro* 90).

Indudablemente, esta novela nos permite tomar conciencia de la distancia que siempre existe entre el pasado y su representación, y de que la historia, como discurso construido, viene a "tomar el lugar" de ese pasado. El discurso historiográfico no puede desligarse de las formas literarias y debe aceptar que a sus explicaciones se les aplique "un criterio de manipulación literario" (El cuento 116), es decir, debe reconocer que esas explicaciones son un modo de disponer un relato para organizarlo y así presentarlo como una trama inteligible. En Lo raro es vivir, Carmen Martín Gaite abre el concepto de historia para liberarlo de las rigideces cientificistas decimonónicas al vincularlo con las potencias creativas del ser humano, las cuales deben llenar imaginativamente las fisuras entre los vestigios fragmentados del pasado. De esta manera, los deseos del historiador se proyectan en la historia que escribe, para crearla y recrearla de un modo interminable.

OBRAS CITADAS

Cruz-Cámara, Nuria. "Un aspecto de la metaficción en Carmen Martín Gaite: Funciones de la Mise en Abyme en Lo raro es vivir." Explicación de textos literarios 26.1 (1997–98): 30–40.

———. "Metaficción e intertextualidad en la narrativa de los noventa de Carmen Martín Gaite." Ph.D. diss., State University of New York at Buffalo, 1999.

Hutcheon, Linda. A Poetics of Postmodernism: History, Theory, Fiction. New York: Routledge, 1999.

Martín Gaite, Carmen, La búsqueda de interlocutor y otras búsquedas. Barcelona: Ediciones Destino, 1982.

———. El cuento de nunca acabar. Barcelona: Ediciones Destino, 1997.

———. Lo raro es vivir. Barcelona: Editorial Anagrama, 1996.

Medina, Héctor. "Conversación con Carmen Martín Gaite." Anales de literatura española contemporánea 8 (1983): 183–94.

Ramos, Alicia. "Conversación con Carmen Martín Gaite." Hispanic Journal 1.2 (1980): 117–24.

White, Hayden. Metahistory: The Historical Imagination in Nineteenth-Century Europe. Baltimore: Johns Hopkins University Press, 1975.

CHAPTER 3

Vargas Llosa's Leading Ladies

LYNN WALFORD

Critics tend to divide Mario Vargas Llosa's literary production into two periods. The novels of the sixties, *La ciudad y los perros*, *La casa verde*, and *Conversación en la catedral*, are highly critical of capitalism, militarism, and bourgeois ideology, offering what Efraín Kristal calls an "implicit socialist message" (*Temptation* 67). In keeping with his embrace of Marxism and enthusiastic support of the Cuban revolution, Vargas Llosa expressed such a message quite explicitly in his famous 1967 essay, "La literatura es fuego": "[D]entro de diez, veinte, o cincuenta años habrá llegado a todos nuestros países, como ahora a Cuba, la hora de la justicia social. . . . Yo quiero que esa hora llegue cuanto antes y que América Latina ingrese de una vez por todas en la dignidad y en la vida moderna, que el socialismo nos libere de nuestro anacronismo y nuestro horror" (*Contra viento* 1:135).

A dramatic shift takes place after 1971, following Vargas Llosa's highly publicized rupture with the Castro regime in response to the Heberto Padilla case. [1] In the novels of this period—*Pantaleón y las visitadoras*, *La tía Julia y el escribidor*, *La guerra del fin del mundo*, and the maligned (and in my opinion much misunderstood) *Historia de Mayta*—Vargas Llosa demonstrates an increasing skepticism toward revolutionary or radical reformist projects, a position M. Keith Booker describes as "an opposition to fanaticism of any kind, a thoroughgoing skepticism about Utopian and apocalyptic visions of history . . . and a similar skepticism toward absolutes of all kinds (183)." [2]

Kristal suggests that there is yet another shift in the late eighties and early nineties, following the outcry over Vargas Llosa's participation in the investigation of the 1983 Uchuraccay massacre[3] and the role the controversy played in his subsequent defeat in the 1990 presidential election (Temptation vii, 187). Some of Vargas Llosa's work of this period, including ¿Quién mató a Palomino Molero? and Lituma en los Andes, reveals not only a growing pessimism about the possibility of social and political reform, but also a sense of foreboding, the awareness of an underlying, almost tangible power, as yet undefined, that can only be called evil, and which Vargas Llosa attempts to describe in his essay "Violencia y ficción": "Es el triunfo de lo irracional, el retorno a ese estado primario de salvajismo del que el hombre partió, hace millones de años, a conquistar la razón, el sentido común, los valores primordiales de la supervivencia y la convivencia, en una palabra, a humanizarse" (Desafíos 144). While Kristal's assessment is accurate, and while the post-Fujimori novels La fiesta del Chivo and El paraíso en la otra esquina to some extent reiterate and even intensify a profound pessimism, I suggest that they provide evidence that Vargas Llosa's thought is moving in still another philosophical, if not political, direction.

Vargas Llosa's harshest critics, primarily from the left, maintain that even the early novels are merely lukewarm in their espousal of socialism. Kristal cites Mario Benedetti, for example, as complaining that they "simply identify problems without expressing a true revolutionary consciousness" (Temptation 67). At worst, as Braulio Muñoz argues, Vargas Llosa was from the beginning a crypto-neoliberal masquerading as a Marxist, and was therefore a liar and a hypocrite (Storyteller 26, 30ff).

While these critics are correct in calling attention to Vargas Llosa's reluctance to embrace revolutionary solutions to the world's problems even at the height of his socialist period, they are mistaken when they attribute it to hypocrisy, bad faith, or a failure of will. Even the later novels, which altogether reject socialism and denounce revolutionaries, visionaries, and fanatics, are marked by a similar hesitancy. This may suggest that, contrary to the judgments of both Vargas Llosa's supporters and detractors, it is not an outright rejection of utopian projects, but a deep and troubled ambivalence toward them, that has long been and continues to be a hallmark of Vargas Llosa's work.

I propose to examine this ambivalence as evidence of an ongoing philosophical and moral struggle that Vargas Llosa has yet to resolve, and to do so by looking closely at the protagonists of his two most recent novels. Both are women, and both are utterly unlike any of the other female characters in his previous novels. Women do figure prominently in a number of Vargas Llosa's works, and many of them—such as Bonifacia in *La casa verde*, Julia Urquidi in *La tía Julia y el escribidor*, Lucrecia in *Elogio de la madrastra* and *Los cuadernos de don Rigoberto*, and Mercedes and Adriana in *Lituma en los Andes*—play important, even pivotal, roles. However, not one of them is a true protagonist, and most function to a great extent as foils for the leading men. In contrast, the female protagonists of the novels discussed here—*La fiesta del Chivo* and *El paraíso en la otra esquina*—are most definitely "leading ladies" in that their stories are their own. More importantly, they illustrate and perhaps shed new light on Vargas Llosa's insistent—it is tempting to say fanatical—preoccupation with fanaticism in all its forms and manifestations.

La fiesta del Chivo revolves around Urania Cabral, a Dominican woman who grew up in a prominent family during the Trujillo regime (popularly known as *La Era*) and who left her country suddenly at the age of fourteen, during the last days of that period, to live and study in the United States. Having become a successful attorney in New York, at forty-nine she returns to Santo Domingo, the site of the events that led to her exile. In true Vargasllosian fashion, the chapters of the novel alternate between three interrelated narratives and points of view: those of Urania; those of El Chivo—Trujillo—himself; and those of a group of conspirators who ultimately succeed in assassinating the dictator.

During the course of Urania's narrative we learn that her father was a trusted member of Trujillo's inner circle, who, as was common during La Era, fell suddenly and inexplicably into disgrace. In a desperate attempt to regain favor, he offered the Benefactor his fourteen-year-old daughter, fully aware of Trujillo's appetite for women and particularly of the pleasure he took in deflowering young virgins. Urania's encounter with El Chivo ends in disaster, however, when the aging dictator is humiliated and enraged by his sexual impotence. A few days later she is spirited out of the country with the help of sympathetic nuns who have been apprised of the danger of her situation, and shortly thereafter Trujillo is assassinated. Thirty-five years later Urania returns to Santo Domingo on a whim, with a vague notion of confronting her father, who is now paralyzed by a stroke and unable to speak or respond to her. During her visit, she reveals her secret to three generations of women in her father's family: her elderly aunt, her cousins, and her young niece.

Although Urania has spent her entire exile consumed with hatred for both her father and her country and has obsessively studied every detail of the Trujillo regime, upon returning to Santo Domingo she finds to her consternation that both her hatred and her interest seem to have vanished:

> ¿Lo detestas? ¿Lo odias? ¿Todavía? "Ya no." . . . Entonces sí lo odiabas. Con todos los átomos de tu ser, con todos los pensamientos y sentimientos que cabían en tu cuerpo. Le habías deseado desgracias, enfermedades, accidentes. Dios te dio gusto, Urania. El diablo, más bien. ¿No es suficiente que el derrame cerebral lo haya matado en vida? (*Fiesta* 14)
>
> . . . . .
>
> ¿Qué sientes, Urania? ¿Amargura? ¿Cierta melancolía? ¿Tristeza? ¿Un renacer de la antigua cólera? "Lo peor es que creo que no siento nada," piensa. (147)

Urania has long been conscious of the fact that in her relationships with people, and most particularly with men, she is "un témpano," and she appears to have accepted her condition with resignation: "Hubieras podido seguir una terapia, recurrir a un psicólogo, a un psicoanalista. Ellos tenían remedio para todo, también el asco al hombre. Pero, nunca habías querido curarte. Por lo contrario, no lo consideras una enfermedad, sino un rasgo de tu carácter" (211). Once the passion of her hatred abandons her, however, she finds herself utterly empty and alone.

The meeting between Urania and her father brings neither catharsis nor enlightenment. She learns nothing new and is no closer than before to reconciling herself with him or with her past. The only ones who do learn anything are her cousins, niece, and elderly aunt, all of whom have spent years nourishing their meager lives with pride in the family honor and a veiled nostalgia for the Trujillo years, when "[t]odos tenían trabajo y no se cometían tantos crímenes" (128), and who are shattered and humiliated by Urania's revelations of her father's reprehensible behavior.

In conducting her research on Trujillo, Urania was struck by the dictator's power to sap the will of an entire nation:

> [H]as llegado a comprender que tantos millones de personas, macha-
> cadas por la propaganda, por la falta de información, embrutecidas
> por el adoctrinamiento, el aislamiento, despojadas de libre albedrío, de
> voluntad y hasta de curiosidad por el miedo y la práctica del servilismo
> y la obsecuencia, llegaran a divinizar a Trujillo. No sólo a temerlo, sino
> a quererlo, como llegan a querer los hijos a los padres autoritarios, a
> convencerse de que azotes y castigos son por su bien. (75)[4]

However, she misses the irony inherent in her own position. The hollow, mechanical tone of her life, her indifference to her own suffering and the ease with which she inflicts suffering on the most vulnerable members of her family, suggest that her will has been broken as well. Even her single-minded hatred disintegrates once she returns to her native soil. She has not escaped after all, but rather has become one more casualty of La Era.

Vargas Llosa's most recent novel, *El paraíso en la otra esquina*, employs the same technique of alternating chapters that tell separate but intertwining stories. In this case, they narrate fictionalized events from the lives of two historical characters: the famous French-Peruvian feminist and socialist Flora Tristán (1803–1844) and her even more famous grandson, the painter Paul Gauguin (1848–1903). Both are utopian visionaries whose visions end in failure; in other respects they are polar opposites. Flora espouses a forward-looking vision of a political and philosophical alliance between two potentially powerful oppressed classes, women and workers, which will bring about a socialist utopia. Paul, in contrast, looks to the past, turning his back on urban, civilized Europe and seeking the idyllic life among the unspoiled people of the Polynesian islands.

Flora Tristán expresses her strong, often conflicting passions with a blunt outspokenness that earns her the sobriquet Madame-la-Colère.

The illegitimate daughter of a wealthy Peruvian aristocrat, she devotes years of her life attempting to claim what she considers her rightful inheritance; when her attempts fail, she puts all her energy into reforming marriage and labor laws and empowering women and the poor. In so doing, she sacrifices her family, her friends, her reputation, and her health. Flora's beauty makes her attractive to men. However, partly in reaction to her early marriage to a brutal and brutish man, she finds all men repellent, although she makes use of them to further "la tarea que le ocupaba: la redención de la humanidad" (El paraíso 87). The great love of her life is a woman, the Polish socialite Olympia Chodzko, whom she casts off as well, revealing the irony at the heart of her messianic zeal: "Redimir a los explotados, unir a los obreros, conseguir la igualdad para las mujeres, hacer justicia a las víctimas de este mundo tan mal hecho, era más importante que el egoísmo maravilloso del amor, que esa indiferencia suprema hacia el prójimo en que a una le sumía el placer. El único sentimiento que ahora tenía cabida en tu vida era el amor a la humanidad" (399).

Both Urania Cabral and Flora Tristán are driven by obsessions that have their roots in an intensely painful sexual experience that leads them to feel revulsion both for the sexual act and for men in general. However, their obsessions manifest themselves in vastly dissimilar ways. Urania plunges into the quest for a purely intellectual understanding of the forces that made Trujillo and La Era possible, and in so doing becomes utterly self-absorbed and divorced from human contact. Flora, in contrast, is ruled entirely by feeling: her identification with the oppressed classes is an emotional one that is based on the commonality of their experience and her own. Her lack of education is notorious, by turns a source of pride and an embarrassment, and she neither understands nor cares to understand theoretical analyses of the social ills she experiences first-hand, as it were, through her emotions and her senses.

Nevertheless, whether through absence or excess of emotion, both Urania and Flora ultimately damage themselves and others, while appearing oblivious to the harm they do. Urania shatters the fragile world of her harmless, helpless old aunt, while Flora abandons her children, abuses the generosity of her friends, and breaks the hearts of her lovers. Even worse, both women appear to sacrifice themselves and others in vain, since their obsessions lead nowhere. Urania's confrontation with her father and confession to her family bring about neither enlightenment nor catharsis; nor does she experience the satisfaction of revenge. As for Flora, her dream of founding a Workers' Union is never realized, her ideas are ignored or ridiculed by those in power, and she is treated as one more crackpot among the many who flourished in her generation.[5]

While it is clear that both Urania and Flora illustrate Vargas Llosa's well-documented hatred of fanaticism, they also serve to call attention to his underlying ambivalence toward it. At the same time that he deplores the misery Urania and Flora bring on themselves and others as a result of their obsessions, he takes those obsessions seriously, portraying both women with respect and even admiration for having the courage to act, however wrongheadedly, in the face of an impossible situation.

Urania is the product of an oppressive regime that dehumanized millions, "[q]ue . . . les sacó del fondo del alma una vocación masoquista, de seres que necesitaban ser escupidos, maltratados, que sintiéndose abyectos se realizaban" (Fiesta 76). She too has become dehumanized, and she lacks the will or resources to imagine any course of action other than the one she takes. Likewise, Flora's hellish marriage, and her fruitless battles with the absurd legal system that refuses to dissolve it, awaken in her a blind hatred of any and all social institutions, as well as a determination first to wreck them and then to perfect them.

Without exception, the fanatics and revolutionaries in Vargas Llosa's fiction are wretched failures. Antônio Conselheiro, the charismatic, deranged prophet of La guerra del fin del mundo, combines madness with a Christlike love for his followers. However, his ignominious death from diarrhea creates what M. Keith Booker calls "a darkly carnivalesque parody of the death of Christ" (92), leaving a final impression of Conselheiro not as a martyr or hero, but as a slightly ridiculous, if touching, figure. Saúl Zuratas, the protagonist of El hablador, is "un hombre de ideas fijas" (Hablador 23), fiercely determined to protect the indigenous Machiguenga people of the Amazon region from becoming contaminated by urban civilization. His good intentions instead exacerbate their corruption along with his own, and he ultimately, and quite literally, disappears. Likewise, in *Historia de Mayta* the eponymous protagonist is an idealistic revolutionary whose misguided attempt at insurrection accomplishes nothing, causes needless deaths, breaks his spirit entirely, and brands him as an incompetent coward.

Urania and Flora fail as well, but unlike the others, they do not fade into oblivion. Although Flora Tristán's utopian vision of a workers' union never materialized, her contributions to feminist and social theory have, albeit belatedly, come to be appreciated. Now, a century and a half after her death, she appears in dissertations and on websites, and she has taken on something of an iconic status, especially in Peru.[6]

The legacy of the fictional Urania Cabral is perhaps more tenuous but nevertheless worth mentioning. Her revelations leave her aunt and cousins dumbstruck: they retreat into themselves despite their professions of sympathy, leaving her more isolated than ever. As she takes her leave, however, her young niece Marianita impulsively embraces her: "'Yo a ti te voy a querer mucho, tía Urania,' le susurra en el oído y Urania siente que le embarga la tristeza. 'Te voy a escribir todos los meses. No importa si no me contestas'" (517–18). Although the emotion Urania experiences is sadness, it is an authentic emotion nonetheless, and with it emerges the faintest hint that she might someday rejoin the human community. The novel ends with her silent promise to herself, "si Marianita me escribe, le contestaré todas las cartas" (518), an ambiguous promise at best. Will she allow her niece to bring her back to life, as it were, or will she drag the young girl down with her into her own death-in-life? The question remains unanswered, but the fact that it is raised at all adds an unexpected element of hope to what in other respects is perhaps the bleakest of all Vargas Llosa's books.

Efraín Kristal has suggested that, beginning with *Lituma en los Andes*, "Vargas Llosa's demons are becoming less metaphorical and that he might embrace their literary representations with less reserve or offer a new vision, perhaps a religious one, with which to oppose them" (*Temptation* 187). I have responded elsewhere that, in my view, there is already a religious dimension to that novel, a dark and frightening one to be sure. However, paradoxically, the move from the notion of violence and suffering as "the product of a vague postmodern malaise" to a more concrete, identifiable source of evil invites confrontation, which in turn holds out the possibility of redemption (Walford 196). Both Kristal's observations and mine were made prior to the publication of *La fiesta del Chivo* and *El paraíso en la otra esquina* and should perhaps be revisited in the light of these two works. Although Urania Cabral and Flora Tristán can be added to Vargas Llosa's long list of defeated fanatics, visionaries, utopians, and revolutionaries, it should be emphasized that in contrast to the protagonists of his previous works, defeat does not bring about their complete annihilation. Something survives, pointing to the possibility—if not the promise—of redemption and suggesting, perhaps, that Vargas Llosa is adding yet another, more hopeful, dimension to his vision.

NOTES

1. In 1971 the Cuban poet Heberto Padilla, an admirer-turned-critic of the Castro regime, was imprisoned on charges of counterrevolutionary activity. He was released a month later, after offering a public *autocrítica* that enraged his supporters and prompted a group of prominent intellectuals, among them Vargas Llosa, to write an open letter to Castro denouncing what they saw as a coerced confession. The incident marks the beginning of Vargas Llosa's gradual move toward the political right, a move seen by many critics as a betrayal. For the text and signatories of the letter, see Mario Vargas Llosa, *Contra viento y marea*.

2. Emil Volek concurs with Kristal's assessment in his discussion of *El hablador*, "El hablador: del realismo mágico a la posmodernidad," as does James W. Brown in his study of *La guerra del fin del mundo*, "Mario Vargas Llosa y la guerra del fin de la inocencia." Both essays appear in *Mario Vargas Llosa: opera omnia*, ed. Ana María Hernández de López. For additional discussion of *El hablador*, see also Mary E. Davis, "Mario Vargas Llosa and Reality's Revolution: *El hablador*," and Catherine R. Perricone, "Mario Vargas Llosa's *El hablador*: Variations on a Theme."

3. In 1983, at the height of the Sendero Luminoso activity, eight journalists from Lima, sent to the Andean village of Uchuraccay to report on the indigenous population's response to violence from both terrorists and the military, were beaten to death by the villagers. After accusations that government forces had perpetuated or encouraged the massacre, President Fernando Balaunde Terry appointed a special commission, of which Vargas Llosa was a member, to investigate the incident. The commission concluded that the villagers had

committed the murders on their own initiative, motivated by fear of all outsiders and an overwhelming sense of confusion. Controversy over the commission's finding alienated many of Vargas Llosa's supporters, who accused him of participating in a cover-up orchestrated by the administration. For a detailed account of the investigation and its aftermath, see Mario Vargas Llosa, *Contra viento y marea*, specifically the essay and interviews "Informe sobre Uchuraccay" (87–128), "El terrorismo en Ayacucho" (129–40), and "Después del informe" (141–55).

4. For a fascinating account of Trujillo's skill in making use of the popular press to manipulate the fears and insecurities of the populace and publicly to humiliate those who were out of favor, see Lauren Derby's essay, "In the Shadow of the State."

5. Some of the more prominent utopian socialists among Flora Tristán's contemporaries include Charles Fourier (1772–1837), Saint-Simon (1760–1825), Robert Owen (1771–1858), and Étienne Cabet (1788–1856).

6. The description on the website of Centro de la Mujer Peruana "Flora Tristán" in Lima lists among its objectives, "lograr que los intereses de las mujeres estén presentes en los espacios de decisión política . . . [e]nfrentar las violaciones a sus derechos humanos [y] . . . [a]segurar el ejercicio de los derechos reproductivos y sexuales de las mujeres" (www.flora .org.pe). Other contemporary recognitions of Flora Tristán include La Maison Flora Tristán, a shelter in Montreal for battered immigrant women (www.familis.org/riopfq/publication/ pensons65/tchetchenkova.html) and a musical work for choral ensemble, "Flora Tristán," written in 1990 by the Dutch composer Louis Andriessen (www.composers21.com/comp docs/andriesl.htm).

WORKS CITED

Bevan, David, ed. *Literature and Revolution*. Amsterdam: Rodope, 1989.

Booker, M. Keith. *Vargas Llosa among the Postmodernists*. Gainesville: University Press of Florida, 1994.

Brown, James W. "Mario Vargas Llosa y la guerra del fin de la inocencia." *Mario Vargas Llosa: opera omnia*. Ed. Ana María Hernández de López. Madrid: Pliegos, 1994. 171–77.

"Centro de la Mujer Peruana *Flora Tristán*." Online. www.flora.org.pe. Accessed February 21, 2005.

Davis, Mary E. "Mario Vargas Llosa and Reality's Revolution: *El hablador*." *Literature and Revolution*. Ed. David Bevan. Amsterdam: Rodopi, 1989. 135–44.

———. "Memory and Mario Vargas Llosa: The Circular Journey." *Revista de Estudios Hispánicos* 31 (1999): 221–33.

Derby, Lauren. "In the Shadow of the State: The Politics of Denunciation and Panegyric during the Trujillo Regime in the Dominican Republic, 1940–1958."

Hispanic American Historical Review 83 (2003): 295–344.

Hernández de López, Ana María, ed. *Mario Vargas Llosa: opera omnia.* Madrid: Pliegos, 1994.

Kristal, Efraín. *Temptation of the Word: The Novels of Mario Vargas Llosa.* Nashville: Vanderbilt University Press, 1998.

"Louis Andriessen." Online. www.composers21.com/compdocs/andriesl.htm. Accessed February 21, 2005.

"La Maison Flora Tristán." Online. www.familis.org/riopfq/publication/pen sons65/tchetchenkova.html. Accessed May 31, 2005.

Muñoz, Braulio. *A Storyteller: Mario Vargas Llosa between Civilization and Barbarism.* Lanham, Md.: Rowman and Littlefield, 2000.

Perricone, Catherine R. "Mario Vargas Llosa's *El hablador:* Variations on a Theme." *South Eastern Latin Americanist* 35 (1991): 1–10.

Vargas Llosa, Mario. *La casa verde.* Barcelona: Seix Barral, 1965.

———. *La ciudad y los perros.* Barcelona: Seix Barral, 1963.

———. *Contra viento y marea.* 3 vols. Barcelona: Seix Barral, 1990.

———. *Conversación en la catedral.* Barcelona: Seix Barral, 1969.

———. *Los cuadernos de don Rigoberto.* Madrid: Alfaguara, 1997.

———. *Desafíos a la libertad.* Mexico City: Aguilar, 1994.

———. *Elogio de la madrastra.* Buenos Aires: Emecé, 1988.

———. *La fiesta del Chivo.* Madrid: Alfaguara, 2000.

———. *La guerra del fin del mundo.* Barcelona: Seix Barral, 1981.

———. *El hablador.* Barcelona: Seix Barral, 1987.

———. *Historia de Mayta.* Barcelona: Seix Barral, 1984.

———. *Lituma en los Andes.* Barcelona: Planeta, 1993.

———. *Pantaleón y las visitadoras.* Barcelona: Seix Barral, 1973.

———. *El Paraíso en la otra esquina.* Madrid: Alfaguara, 2003.

———. *¿Quién mató a Palomino Molero?* Barcelona: Seix Barral, 1977.

———. *La tía Julia y el escribidor.* Barcelona: Seix Barral, 1977.

Volek, Emil. "El hablador: del realismo mágico a la posmodernidad." *Mario Vargas Llosa: opera omnia.* Ed. Ana María Hernández de López. Madrid: Pliegos, 1994. 109–21.

Walford, Lynn. "A Matter of Life and Death: José María Arguedas, Mario Vargas Llosa, and the Postmodern Condition." Ph.D. diss., Louisiana State University, 2001.

PART 2

SPACES

Metaphorical, Poetic, Inverted, and Transgressed

CHAPTER 4

Spaces Inside Out

Gloria Anzaldúa's Borderlands/La Frontera

KATHERINE FORD

In memory of Erin Schafle-Cerezo (1977–2004),
who was also lost to diabetes.

On May 15, 2004, the Chicana writer Gloria Anzaldúa passed away due to complications of diabetes, and the world lost one of its most innovative thinkers on language and identity. Anzaldúa's writings expose language as a space of multiple cross-sections and contradictions in which she feels neither complete nor comfortable. Anzaldúa's sexual orientation and gender led her to question the traditional roles of Spanish and English in her identity. As a woman and a lesbian, she felt that her community had rejected and, in many ways, abandoned her. Her identification as a Chicana, a member of a social group traditionally marginalized within both the United States and Mexico, splinters further connections and places her in a space of negation. Through a close reading of three poems from her collection of essays and poems, *Borderlands/La Frontera: The New Mestiza*—"Cihuatlyotl, Woman Alone," "To live in the Borderlands means you," and "Una lucha de frontera / A Struggle of Borderlands"—this paper attempts to address her multiple positionalities and to demonstrate that Anzaldúa creates an uneasy harmony between languages and cultures through contradictions and fracturing, which is a first step to a negotiation of meaning. *Borderlands/La Frontera*, the very title indicating a new path, reproduces this unsettling identity through a confusion of genres and languages that replicates Anzaldúa's border experience while emphasizing the impossibility of a harmonious answer to the problems of borders.

A border text is the discursive embodiment of transgression. In *Borderlands/La Frontera*, Anzaldúa speaks "as a *mujer* boldly naming herself feminist as well as Chicana" (1), as Sonia Saldívar-Hull states in the introduction to the second edition. Thus, both linguistically and thematically the book presents itself as an outsider and a transgressive text. From this perspective, we can examine how Anzaldúa uses language to make connections to and to break with her different communities, an experience that is reproduced for the reader who finds him/herself in this "third country—a border culture" (Anzaldúa 25).[1]

Language is a key space of contradiction, and Anzaldúa permits herself to flow in and out of English and Spanish with little preoccupation for reader comprehension. Her bilingualism manifests itself in the same paragraph or contiguous words in a title, creating a shift that the reader must endeavor to understand and register. The reader is required to enter into this bilingual world and submerge him/herself in it in order to comprehend the words themselves and the larger project that Anzaldúa puts forth. The reader is given an active role in the production of the text—a role that is always more demanding in a border text than in any other, as D. Emily Hicks has stated in her study, *Border Writing: The Multidimensional Text* (xxvi). Hicks uses Julio Cortázar's *lector cómplice* to illustrate the relationship that emerges between a border text and its reader, a relationship that could culminate in the reader's own border crossing. The confusion and uncertainty that Hicks describes in a border text illustrate the uneasiness that many readers may find in *Borderlands/La* Frontera, since Anzaldúa preaches a multiplicity that is most at home in contradictions, as we observe in the poem "*Cihuatlyotl*, Woman Alone" (195).

This poem speaks of an inner fight to define the poet's self, describing the various pulls on her identity in contradictory directions and her final decision to remain in the space in between. "*Cihuatlyotl*, Woman Alone" is formed by verses that are justified on the right and left margins but have gaps in the middle, blank spaces that portray the inner gaps of the poet's identities, revealing the poem's interior disorder and contrasting it with the exterior order—suggesting that Anzaldúa personally experiences something similar. Nonetheless, these openings in the text give the poem an unusual, blocklike form that sets it apart from others. It is a poem visually demanding to be read on its own terms, thus conferring its own sort of authenticity. In content and in form, the poet presents the two sides of Anzaldúa's identity demanded by both the Chicano and Anglo communities, revealing the inner division it causes. The final lines of the poem illustrate the end result:

> This lifelong battle has ended,
> *Raza.*   I don't need to flail against   you.
> *Raza india mexicana norteamericana,*   there's no-
> thing more you can chop off   or graft on me that
> will change my soul.   I remain who I am, multiple
> and one   of the herd, yet not of it.   I walk
> on the ground of my own being   browned and
> hardened by the ages.   I am fully formed   carved
> by the hands of the ancients,   drenched with
> the stench of today's headlines.   But my own
> hands whittle   the final work   me. (26–36)

The gaps positioned throughout the poem expose a scar inflicted by years of conformity and defiance: "Oh, it was hard, / *Raza*   to cleave flesh from flesh   I risked / us both   bleeding to death" (13–15). The allusion to wounds and the poet's ultimate decision to embrace multiplicity reveal the inherent violence in a border identity—imagery that is reinforced by the powerful verbs presented in these verses (*cleave, risk, bleed*), which extend the wound images and the idea of a woman alone, torn between cultures. Furthermore, Anzaldúa's use of different lettering in the poem—italics for Spanish and Nahuatl and plain lettering for the English, which is repeated throughout the collection—exposes a further separation between the languages, despite her desire to bring them together. The use of italics for Nahuatl and Spanish exoticizes these languages and, to a certain point, collapses their meaning into one language and culture. English is seen as the standard, as the norm, because it is expressed in the plain lettering. In this way, the wounds are all the more poignant, given that the languages' rivalry underlines the impossibility of a balanced dialogue between these languages and, by extension, these cultures.[2]

This strain between languages is emphasized in the fact that the poem's dominant language is English, although the effects of the Spanish and Nahuatl languages can be seen in a variety of ways. While certain words, such as *Cihuatlyotl* and *raza*, remain in the original, the lack of a more integrated use of the languages points to the poem's fissures and suggests that they may have been filled with a Spanish or Nahuatl phrase. In this way, the poet displays the impossibility of complete fusion, while at the same time she does not apologize for the fractured subject.[3]

This residence between languages and cultures is the central topic of Anzaldúa's thinking and writing. A total assimilation with either English or Spanish or any of the border languages would mean a necessary negation of the others. Giving up Spanish and writing exclusively in English would mean turning her back on her cultures and her peoples, while a full identification with Spanish would indicate, for her, a negation of her gender and sexuality and their historical meanings within the Chicano and Latino communities. At the same time, embracing one or both of these standard languages exclusively, and not the hybrids that they form, would deny her specific heritage in a border culture that straddles various communities, as well as legitimizing the claims of other Latinos that these are not valid languages. Anzaldúa's identity location is both the homeland and the margins.[4] She can conciliate her inner demons and outer critics only by constantly negotiating between and among the various cultures and languages that lay claim upon her and with which she identifies.

These borderlands, or the negotiating spaces from which Anzaldúa writes, find definition in the poem "To live in the Borderlands means you" (216–17). It reveals Anzaldúa's opinions on crossroads and borders and the wounds left on the body by the struggle among various cultures. The poem is formed of eight stanzas that define the borderlands. The poem's title, functioning both as title and first line, is written in English, but the title appears in the Spanish style, with capitalization only of the first word and proper names. The first stanza demonstrates the many identities and difficulties of multiplicity:

> To live in the Borderlands means you
> are neither *hispana india negra española*
> *ni gabacha, eres mestiza, mulata,* half-breed
> caught in the crossfire between camps
> while carrying all five races on your back
> not knowing which side to turn to, run from . . . (1–5)

"To live in the Borderlands means you" explains what Anzaldúa means by borderlands: a land caught between others, with the border resident as a sort of workhorse who bears the brunt of the various burdens. She presents an identity that is defined by negation, by melding. As Diane P. Freedman states, it is "both/either, straddling and striving beyond borders, the limits of genre, language, culture, gender" (215). It is important to note here that this identity is presented in Spanish, suggesting that this realm of self—despite or perhaps because of the negation—is processed in Spanish.

The second stanza of the poem points out the range of self-denials to which the border resident is subjected while adopting identities that have traditionally been thought of as exclusive of one another. By joining these identities in one stanza, and viewing them through the lens of betrayal, Anzaldúa reinforces their mixing and cohabitation:

> To live in the Borderlands means knowing
> that the *india* in you, betrayed for 500 years,
> is no longer speaking to you,
> that *mexicanas* call you *rajetas,*
> that denying the Anglo inside you
> is as bad as having denied the Indian or Black . . . (6–11)

Here, and in the poem more generally, the poet is welcoming a blending of identities that have historically rejected one another. In that sense, through the content of the poem, she advocates her own new, accepting consciousness.

Another theme central to the poem is that of struggle and violence, one which we have already seen in *"Cihuatlyotl*, Woman Alone." This topic is important for an examination of the poet's use of language, given that an essential question focuses on the rivalry or harmony of the conflicting languages. Anzaldúa describes the borderlands as a "battleground" (28), thus exposing the unsettled nature of this space and its inherent violence. Despite the difficulty of this position, I believe that for Anzaldúa this instability between languages and cultures is an essential part of their coexistence, since it creates a space in which the cultures come together to dialogue. The rivalry tips both ways, giving each language its opportunity either to overtake the other or to create a fruitful interchange.[5]

Anzaldúa's dialogue between languages and cultures is carried a step further in the essay "*La conciencia de la mestiza* / Towards a New Consciousness." A bilingual poem, "*Una lucha de fronteras* / A Struggle of Borderlands," appears in the middle of the essay, thus questioning the borders between literary genres and, once again, languages. The poem, reproduced in its entirety, speaks of moving in and out of borders and cultures:

Una lucha de fronteras / A Struggle of Borderlands

Because I, a *mestiza*,
continually walk out of one culture
and into another,
because I am in all cultures at the same time,
alma entre dos mundos, tres, cuatro,
me zumba la cabeza con lo contradictorio.
Estoy norteada por todas las voces que me hablan
simultáneamente. (99)

The poem creates a sort of irregular column where the verses begin and end in different places on the page but all come together to form a strong center, thus contrasting with the poem "*Cihuatlyotl*, Woman Alone," where the exterior was polished and the interior revealed confusion. The crooked, uneven lines play with the uniform idea of a poem within a traditional, rigid system. At the same time, the author is playing with the idea of walking from one culture to another by juxtaposing the two languages one above the other, as if the reader were moving from one room (culture) to the next. Placing the two languages in the same poem gives the effect of a fusion, one culture. In this way, her poem brings home the idea of a new consciousness that will take from and blend all cultures.

The image of simultaneity that is presented in "Una lucha de fronteras/ A Struggle of Borderlands," however, creates an interesting dilemma for the reader and the poet. Since the languages are presented one after the other, the idea that these written words reproduce a sort of spoken simultaneity is weighed down by the reality of the consecutive presentation of English and then Spanish, privileging one over the other. At the same time, the different text type—italics and plain text—creates a sort of blending that reproduces the original geographical border between the people. As Monica Kaup asserts, Anzaldúa "places borderlands, border-crossing, and in-between languages and states of mind center stage and makes crossbreed thinking a definite stylistic paradigm for imagining color in the multicultural plural" (101). Border crossing becomes a real-life necessity for all rather than a gesture of multiculturalism.

In "Una lucha de fronteras / A Struggle of Borderlands," as in "Cihuatlyotl, Woman Alone" and throughout the Spanish in Borderlands/La Frontera, Anzaldúa uses italics to set apart the Spanish from the English, creating a break between the two that emphasizes the exotic nature of Spanish for an Anglo reader. This disruption fragments the poem; since it is the Spanish that is set apart by special lettering, this language is robbed of legitimacy to belong inside the work. While it may be said that this use of different types of letters emphasizes the split between the languages and cultures, I believe that it heightens the strain and calls attention to their inability to exist together because of the historical weight that divides them. In this respect, Anzaldúa's poems emphasize the impossibility of cohabitation and the omnipresence of the borders and their antagonism. She insists on multiculturalism remaining an uncomfortable space where we must negotiate our identities.

Borderlands/La Frontera: *The New Mestiza* attempts to reproduce the
multiplicity found in both Gloria Anzaldúa and her cultures, along with
the contradictions and impossibilities that arise from the borderlands.
Anzaldúa seeks a new way to interpret this multiplicity in an innovative
light that continuously emphasizes the forgotten element—be it Nahuatl, a lesbian identity, or Chicana feminism. In this way, her poems
repeatedly emphasize the other in an attempt to bring about an uneasy
dialogue across borders. Anzaldúa's poems, however, do not offer us a
simple answer to multiculturalism in the twenty-first century, but rather
challenge the reader to question the established borders in order to frac-
ture the dominant subjects.

NOTES

1. For Anzaldúa, border texts are not limited to literature written from actual geographical borders, but from various symbolic borders, as she explains in the preface to her book:
"The Borderlands are physically present wherever two or more cultures edge each other,
where people of different races occupy the same territory, where under, lower, middle, and
upper classes touch, where the space between two individuals shrinks with intimacy" (19).
For a more geographically located analysis of Texas border literature, Héctor Calderón's
essay on Américo Paredes, Rolando Hinojosa, and Gloria Anzaldúa offers an informative
look at the historical evolution of these three authors within the context of Texas border
literature.

2. Anzaldúa's fluidity (or clash) between languages and cultures is explored in various
articles. Both Diane P. Freedman and Kate Adams turn their attention to Anzaldúa's border-crossing of genre, which they find in her poetic prose. Debra D. Andrist explores semi-
otically Anzaldúa's writing to discover "los mensajes que ella envía sobre la chicana" (243).
The cross-section of postcoloniality and composition is the subject of Andrea A. Lunsford's
article. AnnLouise Keating also focuses on language and culture in her insightful essay
by highlighting the ways Anzaldúa challenges spaces of cultural and linguistic silences
through "revisionist mythmaking strategies" (73).

3. For Kate Adams, it is precisely the presentation of Anzaldúa's poetry that questions
and subverts; *Borderlands/La* Frontera itself becomes a "social act" that "bear[s] witness to
the loss into silence of whole worlds of American experience" (140).

4. Inderpal Grewal maintains in her essay, "Autobiographic Subjects and Diasporic Locations: *Meatless Days* and *Borderlands*," that this location is an ongoing process that looks
to the fluidity of various discourses (248). Identity is a topic of other essays on Gloria
Anzaldúa and her work. María Victoria García-Serrano explores the intersections of the
fragmented identity of the postmodern subject and Anzaldúa. Adriana Gómez Hernández

considers the ways in which Anzaldúa's self-definition challenges the various identities she claims.

5. The violence in Anzaldúa's writing is a topic of "A New Mestiza Primer: Borderlands Philosophy in the Children's Books of Gloria Anzaldúa" by Tiffany Ana López with Phillip Serrato. The essay looks at the inherent violence that emerges from the tensions in identity that Anzaldúa explores in her children's literature, with a main focus on the tensions between humans and the land and clashing cultures.

WORKS CITED

Adams, Kate. "Northamerican Silences: History, Identity, and Witness in the Poetry of Gloria Anzaldúa, Cherríe Moraga, and Leslie Marmon Silko." *Listening to Silences: New Essays in Feminist Criticism.* Ed. Elaine Hedges and Shelley Fisher Fishkin. New York: Oxford University Press, 1994. 130–45.

Andrist, Debra D. "La semiótica de la chicana: La escritura de Gloria Anzaldúa." *Mujer y literatura mexicana y chicana: Culturas en contacto II.* Ed. Aralia López González, Amelia Malagamba, and Elena Urrutia. Mexico City: Colegio de México, 1990. 243–47.

Anzaldúa, Gloria. *Borderlands/La Frontera: The New Mestiza.* Ed. Sonia Saldívar-Hull. 2nd ed. San Francisco: Aunt Lute Books, 1999.

Calderón, Héctor. "Texas Border Literature: Cultural Transformation and Historical Reflection in the Works of Américo Paredes, Rolando Hinojosa, and Gloria Anzaldúa." *Dispositio* 16, no. 41 (1991): 13–27.

Freedman, Diane P. "Writing in the Borderlands: The Poetic Prose of Gloria Anzaldúa and Susan Griffin." *Constructing and Reconstructing Gender: The Links among Communication, Language, and Gender.* Ed. Linda A. M. Perry, Lynn H. Turner, and Helen Stark. Albany: State University of New York Press, 1992. 211–17.

García-Serrano, María Victoria. "Gloria Anzaldúa y la política de la identidad." *Revista Canadiense de Estudios Hispánicos* 19.3 (1995): 479–94.

Gómez Hernández, Adriana. "Gloria Anzaldúa: Enfrentando el desafío." *Cuadernos americanos* 59 (1996): 57–63.

Grewal, Inderpal. "Autobiographic Subjects and Diasporic Locations: *Meatless Days* and *Borderlands.*" *Scattered Hegemonies: Postmodernity and Transnational Feminist Practices.* Ed. Inderpal Grewal and Caren Kaplan. Minneapolis: University of Minnesota Press, 1994. 231–54.

Hicks, D. Emily. *Border Writing: The Multidimensional Text.* Minneapolis: University of Minnesota Press, 1991.

Kaup, Monica. "Crossing Borders: An Aesthetic Practice in Writings by Gloria Anzaldúa." *Cultural Difference and the Literary Text: Pluralism and the Limits of Authenticity in North American Literature.* Ed. Winfried Siemerling and Katrin Schwenk. Iowa City: University of Iowa Press, 1996. 100–11.

Keating, AnnLouise. "Myth Smashers, Myth Makers: (Re)Visionary Techniques in the Works of Paula Gunn Allen, Gloria Anzaldúa, and Audre Lorde." *Critical Essays: Gay and Lesbian Writers of Color.* Ed. Emmanuel S. Nelson. New York: Haworth, 1993. 73–95.

López, Tiffany Ana, with Phillip Serrato. "A New Mestiza Primer: Borderlands Philosophy in the Children's Books of Gloria Anzaldúa." *Such News of the Land: U.S. Women Nature Writers.* Ed. Thomas S. Edwards and Elizabeth A. DeWolfe. Hanover, N.H.: University Press of New England, 2001. 204–16.

Lunsford, Andrea A. "Toward a Mestiza Rhetoric: Gloria Anzaldúa on Composition and Postcoloniality." *Race, Rhetoric, and the Postcolonial.* Ed. Gary A. Olson and Lynn Worsham. Albany: State University of New York Press, 1999. 43–78.

CHAPTER 5

Spanish Affect and Its Effects

Bilingual Process in Giannina Braschi's Yo-Yo Boing!

JULIA CARROLL

In one of Yo-Yo Boing!'s (1998) many self-reflexive moments, Giannina Braschi likens the manuscript that she has been working on to a "musical fugue," that is, a composition "in which different voices or instruments follow one another in counterpoint, sometimes seemingly in the manner of a flight or chase" (178).[1] Indeed, due to the work's dizzying interplay of English and Spanish prose and poetry, Yo-Yo Boing! represents a shift in Braschi's literary practice. A Puerto Rican writer residing in New York whose background has been both academic and literary, Braschi previously published three volumes of poetry in Spanish as well as scholarly writings, also in Spanish, that treat canonical Spanish poets such as Bécquer and Garcilaso.[2] What also sets apart the composition of Yo-Yo Boing!—both from Braschi's earlier writings and from the majority of Latino texts written in the United States—is the text's bilingualism. Spanish and English appear in the book with near-equal frequency, thus making it seem, to use Todorov's definition of bilingualism, that "neither language truly contains the other by subjugation" (209).[3]

As Ernst Rudin has noted in the context of the Chicano novel, "bilingual works are a rare phenomenon indeed in the literatures of the Western world" (10). Rudin, like many other critics who focus instead on the bilingual elements of monolingual Latino literature, tends to perceive the use of Spanish in these texts as an issue primarily of "literary technique." As Gary Keller confirms, also referring to Chicano literature, bilingualism in these texts "obeys an aesthetic canon rather than a social, communicative function" (189).[4] However, although this interpretation of bilingualism in literature privileges literary quality above sociolinguistic value, in its attempt to categorize and "establish the beginnings of a corpus or dictionary of bilingual literary entries," it limits the expressive capacities of such "techniques" (188). Clearly, the prevailing study of "technique" in Latino narrative designates identity articulation from within a monolingual perspective. Yet this critical view reflects the monolingual thrust of the literature itself. Indeed, in much of contemporary Latino narrative, while the typically monolingual reader might consider the Spanish words more or less as "second language entries," English constitutes the dominant language of textual discourse (13). In these works, Spanish words are often limited to personal and subjective realms of experience. In the Chicano novel, for example, Rudin has observed the frequency with which Spanish is used in semantic fields based on terms of address, curses, emotional and private life, interjections, and food (152).[5]

Thus, an examination of the bilingual *Yo-Yo Boing!* must follow a different mode of inquiry. The text self-consciously questions its own position in the Latino narrative tradition and, through the employment of a proficient system of literary-code switching, establishes what appears to be a less hierarchical English/Spanish language economy. This switching is reflective of the real life tendency of many bilinguals to "switch back and forth between languages within one semantic domain," as François Grosjean has put it (321).[6] In Braschi's aesthetic creation, however, one quickly observes that the language is not representative of the speech patterns of the historically conceived "balanced" or "true" bilingual person, of the "rare specimen" with monolingual fluency in two languages (Grosjean 232). Indeed, though *Yo-Yo Boing!* draws on Spanish and English with near-equal frequency, the relationship between the two languages is far from harmonious.

Yo-Yo Boing!'s diglossia, in this way, challenges monolingual imperatives and linguistic hierarchies. The book's two short chapters of interior monologue in Spanish, the lengthy central chapter of frenetically paced bilingual "literary conversations," and the bilingual poetry have caused readers like Doris Sommer to describe *Yo-Yo Boing!* as a "bilingual rollercoaster ride," one that, in her opinion, has a complementary political function (11). Sommer views the text's refusal to choose a single language as an aesthetic response to North American society's "decision compulsion," which seeks, through monolingual political and cultural policy, to negate the heterogeneity of the country's speech communities. Using militant metaphors, she suggests that "[e]ither/or decisions are targets of the book's explosive irony and ire" (12). Ana Vega-Merino reads Braschi's ambiguous position on language choice in tandem with Puerto Rico's position on the United States. In Vega-Merino's view, the contradictory nature of Braschi's linguistic stance questions Commonwealth assimilationist rhetoric: "Braschi flaunts the 'punto y coma,' by writing in Spanglish, exulting in the political and cultural possibilities of biculturalism" (15).

While an ongoing, ever-morphing dialogue structures the central chapter, "Blow-Up," this discourse informs many of its poetic texts as well, thus facilitating a Bakhtinian reading of the dialogic nature of much of *Yo-Yo Boing!* As such, the speech act, regardless of the language or register of its utterance, is understood in relation not to some absolute sign, but rather to other speech acts in the text. It is also clear how a text whose focus remains so intently on the relationships between utterances—sometimes harmonious, sometimes cacophonous—might be described as a "musical fugue." Noting the work's tendency to resist signification and resolution, Sommer states that "*Yo-Yo Boing!* flaunts its unfinished business" (16). However, a closer examination of the frenzied English and Spanish speech acts in the text conveys an authorial discomfort that ultimately questions the possibility of the narrator's free habitation in either language. In the course of her fictive bilingual project, the narrator's own "unfinished business"—her complex personal relationship with her mother tongue—undermines the fluidity of the bilingual text.

According to Bakhtin, in dialogic prose, "speech becomes a battlefield for opposing intentions" (293).[7] This struggle is most acutely dramatized in *Yo-Yo Boing!* through the interlocutors' utterances and their influence on the narrator's subsequent responses. Several of these dialogues function in the text to represent the "intentions" of the hypothetical "either/or" reader. The narrative conveys various interlocutors' negative responses to the book's bilingual project. In one instance, an English-speaking capitalist urges the narrator to do some language decision-making: "You must realize you're limiting your audience by writing in both languages. To know a language is to know a culture. You neither respect one nor the other. . . . How do you sleep at night" (142). This "either/or" comment, which also reveals a tendency to equate linguistic purity with cultural purity, is mirrored in the response of the narrator's editor, who warns about the tendency to stereotype Hispanic texts: "Todo lo que me leíste el otro día. Este está lleno de inglés. Quiero más español. . . . Tú discutes en inglés la parte filosófica, y le dejas al español la expresión de tus sentimientos. Van a asociarlo con el estereotipo que tienen del hispano—todo sexo como Almodóvar, todo tango—y las especulaciones cerebrales e intelectuales las llevas a cabo en la lengua anglosajona. ¡Qué insulto para la hispanidad!" (160). Ironically, though this passage represents a defense of writing in Spanish, due to the calquing it serves as a good example of the clash of Spanish and English in the text. In phrases like "Quiero más español," English syntax clearly has impressed itself on the Spanish words.

Similarly, the critiques on the narrator's "lifetime work in progress" that have found their way into the body of *Yo-Yo Boing!* anticipate her own varied responses, but they also appear ultimately to take their psychic toll on the narrator's confidence in her bilingual project (173). While in one instance the narrator asserts that she "feel[s] like Dante, Petrarca and Boccaccio . . . like Garcilaso forging a new language," in many others her speech reflects uncertainty and self-doubt vis-à-vis her imagined reader, critic, or audience: "How can I prove my point if I have no point. Not that I had a point before. But at least, you know what I mean, I knew where I was going" (142, 190).

Effectively, the 150-page "Blow-Up" chapter constitutes a collage of frustrated attempts to achieve the bilingual aesthetic that Braschi seeks. She also formulates such an aesthetic in her "Pelos en la lengua," published two years after *Yo-Yo Boing!* in the magazine *Hopscotch*. In this short piece, bilingualism is imagined through multiple lenses—grammatical, celestial, animal, and reproductive, to name just a few. Of particular interest is the causal relationship that Braschi establishes between bilingualism and freedom. In her words, "El bilingüismo . . . [n]ace del fuego popular, del pan, de la tierra, y de la libertad" (50).

And yet, in spite of the inevitable element of freedom in bilingualism, what consistently stands out in *Yo-Yo Boing!* is a lack of freedom. The narrator's sense of restriction and anxiety remains a constant in the personal story that underlies the text, the trajectory of which culminates in the scene of the poetry reading in a New York City café. In the two-hundred-line, predominantly English poem in blank verse, the speech act of an interlocutor—a nagging editor or agent—has been internalized by the speaker: "*Develop your argument, see you / tomorrow, don't miss the appoint- / ment, the opportunity of a decade*" (147). Furthermore, many of the verses address directly the complications that stand between the speaker and her achievement of freedom:

> *I feel free of freedom, free of*
> *the statue of freedom, enslave me in a*
> *statue of freedom, my kingdom is to*
> *cry a freedom, no te salió bien,*
> *freedom, I want to enslave my free-*
> *dom, con freedom.* (149)

Through the contradictory desire to "enslave freedom," the passage suggests the difficulty of achieving the work's bilingual project. The anxiety expressed by the poetic speaker in these English words is also evident in the brief switch to Spanish and to the past tense. It is worth noting that the switch occurs when addressing the speaker's personal failure at achieving freedom: "*no te salió bien, freedom.*" This momentary retreat into Spanish betrays a desire to gain access to linguistic freedom by way of a return to the mother tongue.

In "Close-Up," the book's opening chapter, the narrator successfully re-creates a locus of freedom, if somewhat ironically, in the enclosed space of her bathroom. The breathless monologue, entirely in Spanish, details the narrator's intimate preparations as she primps and preens in her first language. Her practices seem oddly childlike; the focus is directly on the anal phase of pleasure and on narcissistic desire. She defecates and spills menstrual blood, all the while marveling at her bodily movements both inner and outer. Gazing at her reflection in the mirror, she picks off scabs, "excavando una cueva," and then hungrily eats them before sucking her skin (23). With this chapter, Braschi fashions a womb-like space in which the narrator's private acts of autoeroticism leave her feeling "tranquila y feliz" and also confident about going public (25).

Braschi's construction in her mother tongue of a space reminiscent of the maternal body is telling. Indeed, many instances in *Yo-Yo Boing!* hint at the connection between Spanish and the maternal body and at the linguistic consequences of early psychic development, which turn up unexpectedly in the bilingual text. In their psychoanalytic study of language use, *The Babel of the Unconscious*, Jacqueline Amati-Mehler, Simona Argentieri, and Jorge Canestri point out that the term "mother tongue" is one "of the many verbal images suggesting [the] idea that the function of language is 'taken in' and learned at the mother's breast together with her milk" (68).

From the "Spanish Only" space that opens the narrative, the narrator makes what turns out to be an unlikely promise: to "comunicar el esplendor de su agonía liberada," that is, to communicate bilingually feelings that seem to have been lodged in a particularly puerile set of Spanish signs (29). Indeed, the enunciative activities highlighted in "Close-Up" are entirely preverbal. The narrator's (mother) tongue is not used as a medium through which to articulate complex lines of poetry but rather to savor a squeezed-off blackhead or pronounce all of the vowel sounds with her lips, taking pleasure in the movements necessary for the differentiation between sounds. The games played out in "Close-Up" speak for the creative power associated with one's first experiences with language. As Amati-Mehler, Argentieri, and Canestri assert, "As well as being a form of expression and communication, language also represents play and pure pleasure: the pleasure of simply producing sounds, the satisfaction of using words according to whim and fancy, the exciting adventure of linguistic invention" (146). In *Yo-Yo Boing!* however, the contrast between pleasurable Spanish language play and tense bilingual articulations makes clear that it is precisely the narrator's anaclitic relationship to Spanish—her reluctance to separate herself from the language in which the pleasurable acts would have first been experienced as a child—that prevents her from attaining a bilingual poetics that flows as freely as does the narcissistic fascination with bodily fluids in Spanish.

Amid the many dialogues present in the text, the imagined childlike engagement with language reappears in the form of prelinguistic, yet unmistakably Spanish, sounds that embody the narrator's truncated memories. Recounting an accident suffered while playing as a child, for example, the narrator records with relish the "¡PAU—CLAU—AAUUUU!" that the physical pain invoked. In another memory, she recalls having fainted and awakened playing the flute, "Tirirí. Tirirí. Tirirí. Tirirí" (80–81). By virtue of their obvious limitations for adult communication, the repetition of pleasurable isolated sounds like "Tacatá-Tacatá" suggests a linguistic parallel with the severed quality of the narrator's remembrance of things past (94). And due to the dialogic principles at work in the text, the childhood voices—in their competition for representation—divert attention from more traumatic events alluded to only covertly, and perhaps most forcefully, through the very spasmodic speech patterns of the bilingual text.

While conversing with a more disciplined poet friend, the narrator claims: "I live with plenty of identities within myself. And I want all of them to work" (143). Indeed, in *Yo-Yo Boing!* the reader observes a persistent desire to identify with childlike subjectivities, not only in the narrator's inclination for preverbal wordplay but also in other sections of text, where Spanish predominates. Immediately before her poetry performance in English, for example, the narrator evokes in her first language the feelings of a child: "¿Dónde estoy? Miro de lado a lado. Soy un niño perdido entre el gentío de esta fiesta, y asoma su corazón de música y de pena. Así voy yo borracho, melancólico, lunático, siempre buscando entre el aire polvoriento, y las candelas chispeantes, como el niño que en la noche de una fiesta se siente perdido entre la niebla" (145). If this language is any indication, it would seem that not all of the identities within the narrator really do "work." The unsteadying effect of the abrupt shifts from the first to the third person—suggestive of the uneasy cohabitation of multiple linguistic identities clamoring for expression in Spanish—undermines the narrator's capacities for articulate adult expression. Also, the description of the narrator's masculine child-self, juxtaposed with her (his?) adult qualities of an alcohol-abusing melancholic, conveys a contradictory image. Here, to imagine linguistic freedom is to project one's own feminine subjectivity onto a masculine one. Yet, as can also be observed, the linguistic fluidity that had once been imagined in the mother tongue results in a stylistic duality that is characteristic of the narrator's Spanish-language use in the text.

The symbolic magnitude of the desired identification with a male child's subjectivity is not lost on the narrator. In fact, she regards a particular dream sequence—in which associations with "El Niño" and "un niño" are prominent—as a textual fragment of special significance. Speaking with her editor about what they both refer to as "el de la menstruación," the narrator offers:

> —Porque ya te lo dije. Una cosa es publicar mi libro como libro. Y otra este fragmento. . . . *Hoy me levanto alegre. Pasó algo anoche que me transformó.* Pensé que estaba de más para publicarlo como fragmento. (163)

In each oneiric frame of the fragment, the overdetermined image of a boy constitutes a source of anxiety for the narrator/dreamer. As is typical in dream recall, notions of time and space become confused while one's interior situation and feelings remain constant. The narrator is a heavily menstruating, adolescent girl whose odyssey begins in a classroom surrounded by younger children. The narrator's former boyfriend, Jabalí, an old flame not yet forgiven or forgotten, is the teacher who assures the teenager that by signing "El Niño" on her Rubén Darío exam, she will be guaranteed "una A definitiva" (163). Then the dream focus switches from the narrator deceptively acting as "El Niño" to the narrator defending herself from the deceitful tricks of "un niño de unos tres años con cara traviesa" (163). The toddler, who in one moment sniffs her blood flow while squeezing her breasts in vain for milk, in another moment becomes the object of the narrator's desperate search. She chases him through the mountains until she meets up with both him and his mother and must stand aside and watch as the boy climbs back into his mother's womb.

With the images of this chaotic dream, it is difficult to know where to begin. Presumably, the symptom of the boy—in one instance projected onto the dreamer through naming and in another viewed as object of the dreamer's desire—could well be the product of multiple factors. A notable and recurring motif in the dream sequence is the depiction of the boy's identity as a site of privilege and freedom. While "El Niño" will score high points on his *modernismo* poetry exam without any effort, the three-year-old boy is able to escape from the dreamer and return to his mother's womb for a life of ease. The boy taunts the teenage girl for her lack of a mother's body to return to, and, in a phrase whose grammatical errors might be justified by the age of the speaker, he tells her, "Ojalá y tú tuvieras una madre como la mía, puedes esconder tu cabeza, y sacarla cuando te cansas de estar descansando" (165). This oneiric scene betrays the narrator's insecurities about her own frustrated attachment to Spanish, stuck as it seems to be in a phase of narcissistic prelinguistics. The boy's freedom of movement in and out of the womb also signifies a freedom of movement in and out of the realm of the mother tongue, in sharp contrast with the linguistic positioning of the female narrator. The toddler's unproblematic reunion with the maternal body reflects the typical process of masculine development, according to the commonly held psychoanalytic theory of sexual development. In this process, after the initial separation and differentiation from the maternal body, the male child in later life will be reunited with the maternal body through sexual intercourse, and/or even just by speaking his mother tongue.

These interpretations can be linked with another persistent theme in the text's "manifest content," to use Freud's term for the outward composition of dreams. Throughout the narrator's story, activities that signify motherhood—from her first menstruation to reproduction and childrearing—conjure up feelings of anxiety and resistance. The narrator recalls that menarche had been her "first experience of mortality" (165).

And although her editor suggests that instead of a writer she "would have been a better—a much better mother," the narrator is uneasy about the idea (59, 164). In this way, reluctance about reproduction runs parallel with the narrator's seemingly fruitless literary pursuits. In the novel, both the ambivalence toward reproduction and the literary unproductivity that plagues the narrator can be traced back to the death of the narrator's brother several years earlier. His death, though alluded to only obliquely in Yo-Yo Boing! obviously has an impact on the narrator and on the text, as examined in the dream fragment. In a poem included in La comedia profana (1985), through images of motherhood and loss Braschi unearths in Spanish some similar anxieties about the tenuous relationship that exists between the mother tongue and literary creation:

> Histeria, tengo un hijo muerto en el vientre-estómago de la ciudad.
> Mi luto es orilla del mundo. En el centro tengo los dos ombligos
> vacíos. Mi madre me abandonó. Estoy criando el vientre de la ciudad.
> Aglomero los cerdos, criadero del luto. No hay vientre, peatón, no hay
> vientre viento transitorio. (5)[8]

In these lines, through the images of a dead son and maternal abandonment, as well as the conflicting processes of mourning death ("luto") and rearing young life ("criando," "criadero"), one observes themes that can be likened to the writing process and that resonate with those in Yo-Yo Boing! which prove so debilitating to the fluidity of the bilingual project.

In this examination, though the focus has been ostensibly on the author's use of her mother tongue, the impact of the second language on the author's Spanish articulations has hopefully become evident. Since Braschi's Spanish is always already in dialogue with the multiple English voices also present, the author's decision to write in her acquired language should be commented on briefly. Although the English in Yo-Yo Boing! demonstrates a Spanish influence in phrases like "I don't treason the people I love," which reveals the use of a false cognate of the Spanish "traicionar," in other moments it is articulated with impressive skillfulness (63). Of the two languages, it is in fact the English that time and again destabilizes the Spanish in *Yo-Yo Boing!* Regarding Braschi's undeniable skill in English, this might also be viewed, at some level, as therapeutic. According to Amati-Mehler, the process of acquiring, developing, and creating in a second language can be powerful, as it permits an individual to refashion her identity by overreaching the maternal body and mother tongue and the conflicts associated with these primary images (75).[9]

Yet due to the persistent relationship of dependency on Spanish articulated in the bilingual text, as well as the mother tongue's associations with child language and maternal imagery, *Yo-Yo Boing!* clearly is not reflective of the aforementioned "balanced" discourse of "true" bilinguals. In fact, the work shares some marked similarities with monolingual Latino narratives in English—namely, the tendency to limit the use of Spanish to the particular semantic fields discussed by Rudin. The Spanish construction of a womblike space in *Yo-Yo Boing!* might not be, after all, very different from the description of the *abuela* who makes tamales in a warm, odor-filled kitchen. The point of this comparison of the Spanish spaces constructed in Anglo-Hispanic narrative is not to declare the lack of originality of Braschi's work, but rather to suggest that despite its radical deviations from the monolingual norm, *Yo-Yo Boing!*'s sometimes discordant bilingualism ultimately testifies to the strength of the bond to one's mother tongue.

Braschi's connection to Spanish is made manifest one last time in "Black-Out," the closing chapter, which serves as a reverse mirror image to the monologue "Close-Up." Indeed, these two framing chapters are a study in likeness and contrast. In both, the narrator studies her reflection in a mirror, but while in "Close-Up" it is a bathroom mirror in a private space that permits the perception of the wholeness of her subjectivity, in "Black-Out" the mirror is fragmented. Catching her reflection in storefront windows as she walks briskly through the city, the narrator—identifying herself finally as Giannina—passes through a process that begins with self-blame for her fragmented and continuously morphing self ("quién soy yo si no me descubro en ninguna de las dos personas que se están mirando"), and advances to a celebration, or at least a provisional acceptance, of the state in which she finds herself (196). Moving freely on the streets of Manhattan, the narrator's seemingly emancipated position in the last chapter suggests an authorial attempt to take Spanish outside, to dislodge it from its former position of enclosure.

By opening up the physical space of the Spanish texts from the narrator's bathroom to the sidewalks of the city, Braschi evokes the possibility of more outward communication in her mother tongue, though not of course without a hint of whimsical fantasy. She initiates a process of mourning—for which she creates the dialogue and the cast of characters—as she buries her dead, both real and imagined. Giannina is walking, "cargando un muerto," when she stumbles upon Zarathustra and Hamlet, also dragging dead bodies. Hamlet asks colloquially, "¿Quién te dio vela en este entierro?" and Giannina responds, "Le vi la espalda al XX y ahora le quiero ver los ojos al XXI. Y aunque no llegue a habitar entero—tal vez como Moisés—lo veo con los ojos aunque con el cuerpo no lo habite entero. Habitaré en su comienzo. Y le pregonizo grandes augurios" (204). Although she has opened up her Spanish to a dialogue, the neologism "pregonizar" demonstrates that Braschi is still prone to a strange sort of linguistic invention in her mother tongue. The verb seems to combine the verbs "pregonar" and "preconizar," both of which can be translated as "to proclaim" or "to announce publicly." The redundancy of "proclaiming auguries," however, is difficult to make sense of and yet somehow in line with the indeterminacy of Braschi's twenty-first-century engagements with both her mother tongue and her other tongue. Although in the final chapter Spanish is used to look to the future rather than to relive the past, the narrator's Spanish continues to reveal tensions. Yet these evident tensions in both Braschi's Spanish and in the bilingual text need not convey merely the failure of an aesthetic project. Rather, *Yo-Yo Boing!*'s lack of linguistic harmony, which results from the highly complex connection between identity and language, can provide new insights for approaching language issues in U.S.-Latino cultural production, as well as in bilingual discourses from other contexts.

NOTES

1. "Fugue," *World Book Dictionary*, 1976 ed.

2. Giannina Braschi's 1983 dissertation is titled "El tiempo de los objetos o los seres en la luz: La poesía de Bécquer." Her essay "La metamorfosis del ingenio en la égloga III de Garcilaso" appears in *Revista canadiense de estudios hispánicos* 4 (1979): 19–36. Three volumes of her poetry—*El imperio de los sueños* (1988), *La comedia profana* (1985), and *Asalto al tiempo* (1981)—have been translated and published by Yale University Press as *Empire of Dreams* (1994).

3. Tzvetan Todorov, "Dialogism and Schizophrenia," *An Other Tongue: Nation and Ethnicity in the Linguistic Borderlands*.

4. Gary D. Keller, "How Chicano Authors Use Bilingual Techniques for Literary Effect," *Chicano Studies: A Multidisciplinary Approach*.

5. Ernst Rudin, *Tender Accents of Sound: Spanish in the Chicano Novel in English*. The list of semantic fields compiled by Rudin includes: 1. terms of address (formal, familiar); 2. high impact terms (interjections, terms of blasphemy); 3. ethnographic terms; 4. culinary terms; and 5. terms for groups of people.

6. François Grosjean, *Life with Two Languages: An Introduction to Bilingualism*.

7. Mikhail Bakhtin, "Discourse Typology in Prose," trans. Richard Balthazar and I. R. Titunik, *Twentieth Century Literary Theory*, ed. Vassilis Lambropoulos and David Neal Miller.

8. Giannina Braschi, Poesía # 5. www.condor.depaul.edu/~dialogo/2001-D5/ Excerpts%20from%20Yo-Yo%20Boing.htm. Published in *La comedia profana*.

9. In the context of bilingual and multilingual female patients, Amati-Mehler, Argentieri, and Canestri note that "the process of 'adopting' a second language seems to have genuinely represented a new opportunity for repeating the evolutive journey toward the acquisition of a more developed and less mutilated identity" (75).

WORKS CITED

Amati-Mehler, Jacqueline, Simona Argentieri, and Jorge Canestri. *The Babel of the Unconscious*. Trans. Jill Whitelaw-Cucco. Madison, Conn.: International Universities Press, 1993.

Bakhtin, Mikhail. "Discourse Typology in Prose." Trans. Richard Balthazar and I. R. Titunik. *Twentieth Century Literary Theory*. Ed. Vassilis Lambropoulos and David Neal Miller. Albany: State University of New York Press, 1987. 285–303.

Braschi, Giannina. *La comedia profana*. Barcelona: Anthropos Editorial del Hombre, 1985.

———. "Pelos en la lengua." *Hopscotch: A Cultural Review* 2.2 (2001): 50.

————. *Yo-Yo Boing!* Pittsburg, Pa.: Latin American Literary Review Press, 1998.

Grosjean, François. *Life with Two Languages: An Introduction to Bilingualism.* Cambridge, Mass.: Harvard University Press, 1982.

Keller, Gary D. "How Chicano Authors Use Bilingual Techniques for Literary Effect." *Chicano Studies: A Multidisciplinary Approach.* Ed. Eugene E. García, Francisco A. Lomelí, and Isidro D. Ortiz. New York: Columbia University Teachers College, 1984. 171–90.

Rudin, Ernst. *Tender Accents of Sound: Spanish in the Chicano Novel in English.* Tempe, Ariz.: Bilingual Press/Editorial Bilingüe, 1996.

Sommer, Doris, and Alexandra Vega-Merino. "Introduction." *Yo-Yo Boing!* By Giannina Braschi. Pittsburg, Pa.: Latin American Literary Review Press, 1998. 11–18.

Todorov, Tzvetan. "Dialogism and Schizophrenia." Trans. Michael B. Smith. *An Other Tongue: Nation and Ethnicity in the Linguistic Borderlands.* Ed. Alfred Arteaga. Durham, N.C.: Duke University Press, 1994. 203–14.

CHAPTER 6

"Obedezco pero no cumplo"

La estética política de la poesía de ocasión de Sor Juana Inés de la Cruz

GEORGE ANTONY THOMAS

When the great lord passes the wise peasant bows deeply and silently farts.

Ethiopian proverb (from *Domination and the Arts of Resistance*, by James Scott)

Uno de los géneros literarios menos estudiados y más representativos de la obra de Sor Juana es su poesía de ocasión.[1] Como otros poetas barrocos, Sor Juana escribió muchos poemas de "celebración" o de "homenaje." Sin embargo, en la obra de Sor Juana estas composiciones tienen una centralidad que implica la necesidad de analizar cómo participa en esta tradición. Este estudio pretende leer varios poemas líricos ocasionales para indagar de qué modo subvierte Sor Juana las jerarquías implícitas del género. Ella se aprovecha de la ocasión para crear un espacio poético contestatario en que exhibe su pensamiento político. En lugar de limitarse a una mera imitación de los modelos peninsulares, Sor Juana utiliza las circunstancias poéticas para sus propias digresiones, en las que define el papel de la mujer letrada y se legitima como poeta fuera de las murallas del convento.

Con cierta ironía Sor Juana misma explica en la *Respuesta* que, con la excepción de un poema, toda su escritura ha sido ocasional. "Yo nunca he escrito cosa alguna por mi voluntad, sino por ruegos y preceptos ajenos; de tal manera que no me acuerdo haber escrito por mi gusto sino es un papelillo que llaman El Sueño" (845). Las obras ocasionales para Sor Juana eran una manera de legitimarse como poeta sin los riesgos asociados con la imprenta. Además, como es evidente en la explicación que le da a su confesor en la "Carta de Monterrey," posibilita "sus negros versos" su *performance* de una monja obediente:

> Ahora quisiera yo que V. R. con su clarísimo juicio se pusiera en mi lugar y consultara ¿qué respondiera en este lance? ¿Respondería que no podía? Era mentira. ¿Que no quería? Era inobediencia. ¿Que no sabía? Ellos no pedían más que hasta donde supiese. ¿Que estaba mal votado? Era sobredescarado atrevimiento, villano y grosero desagradecimiento a quien me honraba con el concepto de pensar que sabía hacer una mujer ignorante, lo que tan lucidos ingenios solicitaban: luego no pudo hacer otra cosa que obedecer. (442)

Como autodefensa, Sor Juana clasifica sus versos profanos como poemas encargados por la corte y la iglesia. La picardía con la que Sor Juana se dirige a su confesor a lo largo de la "Carta de Monterrey" revela una estrategia de utilizar las obras ocasionales para sus propios fines: de obedecer pero no cumplir. Sor Juana se estableció como poeta de la corte virreinal y de las festividades religiosas por medio de obras ocasionales. Dedicó la mayoría de su poesía de ocasión a la marquesa de la Laguna, quien posteriormente publicaría sus obras en España. Tradicionalmente la crítica ha menospreciado este género literario al considerar que surge, supuestamente, de circunstancias externas en las que no interviene la voluntad de la poeta; esta posición resulta anacrónica.[2] Por medio de este género la poeta barroca se inscribe en el discurso institucionalizado de los circuitos del poder. La corte, la iglesia, y las academias literarias eran las instituciones sociales que fomentaban la producción artística del siglo XVII.

Tal como sugiere su nombre, el poema de ocasión suele conmemorar un evento importante: un cumpleaños, un bautismo, una victoria militar. Suele ser un género formulaico en el que la expresión poética está supeditada a la temática de la celebración. Como poesía para un público específico (la corte, la iglesia, o el mecenas), se ha considerado un producto sin valor artístico, incapaz de mostrar la inspiración "verdadera" de los versos fundados en una situación más íntima. La finalidad de estas obras supone tanto la representación de un gesto de sumisión frente a la autoridad como la búsqueda de una compensación económica. La artificialidad del género se atribuye al hecho de que muchas veces eran poemas de encargo. No obstante, Sor Juana utiliza estos protocolos ceremoniales en su provecho. Ella misma inventa las circunstancias para la poesía, por ejemplo enviando a los virreyes algún obsequio que acompaña al poema.[3] Además, utiliza la ocasión para sus propias digresiones poéticas. La filosofía política injertada en estas composiciones contradice la falta de agencia. El poeta sin voz propia, la falta de creatividad, y la palabra vacía que suele predominar en la poesía de circunstancia desaparecen frente a una autora que insiste en configurarse como origen e ideario de su composición.

La estética política de su poesía ocasional reside en su uso irónico de esta tradición para rehuir de los preceptos artísticos y evadir la sumisión a la autoridad. Aunque es imposible verificar definitivamente qué poemas de Sor Juana eran de encargo, lo que sí parece cierto es que mantenía una política de obedecer y no cumplir. En glosa 144, "Se excusa de una glosa, mostrando con gracia su imposibilidad," Sor Juana utiliza el poema de ocasión para negar la glosa pedida: "Señora: aquel primer pie / es nota de posesivo; y es inglosable, porque / al caso de genitivo / nunca pospone el *de*" (133). La obra se convierte en una exhibición del ingenio sorjuanino; su máquina de metáforas transforma la insumisión en poesía "porque es pedir a un pintor / que copie con un hisopo . . . no hay músico que forme / armonía en una peña" (133). En realidad, el poema se materializa en sus digresiones. Así lo afirma ella en el último verso: "Perdonad, si fuera del / asunto ya desvarío / porque no quede vacío / este campo de papel" (133). En décima 121, "Disculpa no escribir de su letra," tampoco se manifiesta lo que esperaba el destinatario. Sor Juana arguye que está "enferma," y se describe como mártir del estudio "que sin salud llego a estar / de vivir para estudiar / y no estudiar el vivir" (122). Ella rompe con la normatividad del género poético al confesar que ha mandado que otro escriba. El poema entero es una excusa que niega lo encargado, e irónicamente alude a la dificultad de identificarse en la escritura cuando uno le encarga a otra mano que escriba: "Y así, el llegar a escribir / de ajena letra, no hacer / novedad os pueda" (122).

La apropiación del lenguaje de lo ocasional se convierte en un gesto político en que Sor Juana se retrata a sí misma en vez de al mecenas. En las numerosas digresiones, anécdotas autobiográficas y especulaciones estéticas, sobresale su propia voz. El ovillejo 214 ejemplifica su uso paródico de la tradición barroca. En este retrato poético Sor Juana escribe: "Oh siglo desdichado y desvalido / en que todo lo hallamos ya servido / pues que no hay voz, equívoco ni frase / que por común no pase / y digan los censores / ¿Eso? ¡Ya lo pensaron los mayores!" (173). Cansada de seguir los modelos peninsulares, ella recurre a la parodia en el retrato poético que compone:

> Digo, pues, que el coral entre los sabios
> se estaba con la grana aún en los labios;
> y las perlas, con nítidos orientes,
> andaban enseñándose a ser dientes;
> y alegaba la concha, no muy loca,
> que si ellas dientes son, ella es la boca:
> y así entonces, no hay duda,
> empezó la belleza a ser conchuda. (173)

Sus comentarios metapoéticos, reflexiones sobre la imposibilidad de retratar a la mecenas, privilegian frente al retrato pedido el ingenio de la autora y su papel como emisora del poema. Ella confirma su agencia al decidir terminar el retrato, revelando la fecha de la ocasión sólo para articular su nombre:

> Y con tanto, si a ucedes les parece
> será razón que ya el retrato cese;
> que no quiero cansarme,
> pues ni aun el coste van a pagarme.
> Veinte años en Mayo acaba.
> Juana Inés de la Cruz la retrataba. (179)

Alejándose de la tradición al subrayar el "yo" poético, Sor Juana crea un retrato poético antitético a los que monumentalizan los hechos del destinatario. En vez de adoptar la postura sumisa que suele caracterizar la conclusión del poema ocasional, la poeta hace referencia a su propia voluntad.

Tanto como los ritos y espectáculos barrocos, la poesía de ocasión novohispana celebraba y reiteraba los mensajes políticos centrales a la corte y a la iglesia. Sor Juana, sin embargo, reinventa este espacio poético, invirtiendo las jerarquías estáticas del poder. Además de sus oblicuas digresiones, en este escenario poético la temática tanto como la técnica revelan una agenda política que cuestiona una tradición autoritaria. El soneto 197, por ejemplo, conmemora una ocasión atípica: la muerte del caballo de un torero. Los primeros cuartetos siguen el modelo del lenguaje gongorino para la alabanza del caballo y el vilipendio del toro. Pero aunque el homenaje al caballo debe servirle de consuelo al torero, todo cambia en los tercetos cuando el yo poético sorjuanino se revela. En lugar de reiterar las jerarquías que definen los estamentos sociales —soberano, caballero, bruto— la voz poética cuestiona esta pirámide de violencia. El caballo, víctima de la violencia del soberano divino transformado en toro, muere vergonzosamente:

> Rindió el fogoso postrimero aliento
> el veloz bruto, a impulso soberano
> pero de su dolor, que tuvo, siento,
> más de afectivo y menos de inhumano
> pues fue de vergonzoso sentimiento
> de ser bruto, rigiéndole tal mano. (159)

En vez de consolar al torero o alabar la fuerza del toro, la voz poética se lamenta de la suerte del caballo. El soneto expone una constante del pensamiento político de Sor Juana: la dignidad del libre albedrío frente a la violencia autoritaria. El poema rehúsa ser simplemente un homenaje o una elegía y, fuera de estos registros de lo ocasional, se convierte en vehículo de la voz poética.

Insertada en su producción epistolaria, Sor Juana también creó una red política favorable por medio de los poemas dirigidos a los focos del poder. En el romance 11, Sor Juana le pide al arzobispo y futuro virrey,

Enríquez de Ribera, el sacramento de la confirmación. Lejos de centrar la composición en esta petición, la poeta empieza una larga narrativa autobiográfica para explicar que estuvo enferma. En este monólogo conversacional Sor Juana intercala sus digresiones con disculpas: "No voy muy descaminada; escuchad, Señor," "me falta, con perdón vuestro / (que me corro de decirlo)," "Y así, Señor (no os enoje)" (17–18). Sólo después de veintinueve estrofas, las que narran sus aventuras virgilianas en la contemplación de la muerte, anuncia su propósito. Al igual que en el ovillejo, en el que el retrato se transforma en narración de la imposibilidad de retratar, el tema se convierte en el motor de una composición que se aleja de su "propósito" explícito. La insistencia en su petición y la protesta a la imposibilidad de la confirmación la llevan a cuestionar el sentido de los previos sacramentos: "Mirad que es, de no tenerlo, / mi sentimiento tan vivo, / que de no estar confirmada / pienso que me desbautizo" (18). Una característica central del romance es la continua negociación entre convento y catedral. El convento llega a convertirse en el centro del poema, desde el principio del romance, donde se describe como origen de su voz: "Mío os llamo, tan sin riesgo . . . / [desde] el Convento" (16). Sor Juana, sobrepasando sus atribuciones, se atreve a proponerle al arzobispo las ventajas de ir a visitar el convento, "pues de elecciones / casi está el tiempo cumplido, / entonces, Señor, hagáis / dos mandados de un avío" (18).

En vez de destacar las figuras de autoridad en sus obras, como el mecenas que aparece retratado como personaje del retablo que patrocina, sus poemas de ocasión son retablos poéticos en que se dibuja su pensamiento político. En paneles compuestos de versos, Sor Juana recrea visualmente historias alternativas y complementarias que marginalizan el protagonismo de la narrativa pedida. El romance 25 se sirve de la ocasión del cumpleaños del hijo del virrey para una digresión totalmente inesperada: solicitar al virrey la absolución de la pena capital a un preso. Después de la alabanza del príncipe, Sor Juana sutilmente utiliza, como bisagra de su petición, la historia de Herodes y San Juan Bautista. Con agudeza Sor Juana se contrasta con Salomé, una mujer que, inspirada por la venganza y la malicia, pidió la ejecución de un santo. Ella emplea

la doble significación de la fecha —el cumpleaños del príncipe y el mar-
tirio de San Juan— como pretexto para una digresión política:

> Muerte puede dar cualquiera;
> vida, sólo poder hacerlo
> Dios: luego sólo con darla
> podéis a Dios pareceros.
> Que no es razón, que en el día
> genial de vuestros obsequios
> queden manchadas las aras
> ni quede violado el templo. (37)

Sor Juana enfatiza que la ejecución va en contra de la razón y afirma que
el virrey, como un reflejo de Dios, debe dar vida. El poema testimonia el
modo en que Sor Juana emplea el marco de la ocasión para abrir debates
políticos.

Los poemas escritos a finales de su carrera literaria evidencian su
conciencia de la necesidad de atraerse el favor del público en la metrópoli
para posibilitar su posición como escritora. También ayudan a decons-
truir el mito de su renunciación del mundo de las letras. Un contraste
entre dos poemas de esta época, escritos a mujeres peninsulares, con-
textualiza sus años finales dentro de una época de conquista literaria de
la península en vez de delimitar la muerte de una mártir. En el primer
poema, un romance dirigido a la duquesa de Aveyro, poeta portuguesa,
Sor Juana de nuevo obedece pero no cumple: "De nada puedo serviros, /
Señora, porque soy nadie; / mas quizá por aplaudiros / podré aspirar
a ser alguien" (49). Aunque empieza con un homenaje, a medida que
avanza se desvía: "Que yo, Señora, nací / en la América abundante" (48).
El poema luego continúa con un homenaje a la marquesa de la Laguna,
la receptora del segundo poema que comentaré, quien había encargado
a Sor Juana la composición de éste. Las digresiones en el romance ponen
de relieve la desigualdad de las esferas del poder a que pertenecen las dos
mujeres. Esta diferenciación no se usa para reforzar una jerarquía sino
que se emplea como justificación para evadir la alabanza a la duquesa.
El poema no recupera el tono de homenaje en boca de Sor Juana sino de
labios de la marquesa, por medio del estilo indirecto:

[La marquesa] me informó de vuestras prendas,
como son y como sabe
siendo sólo tanto Homero
a tanto Aquiles bastante
Sólo en su boca el asunto
pudiera desempeñarse,
que de un Ángel sólo puede
ser cronista otro Ángel. (48)

Incluso en la conclusión, cuando expresa su deseo de ver a la duquesa
y besar sus pies, ella hace un *performance* de sumisión. Describe un viaje
mítico sobre el mar, posibilitado por su propio ingenio,

como si fuera [yo] Ícaro
y venciendo la distancia
(porque suele a lo más grave
la gloria de un pensamiento
dar dotes de agilidades),
a la dichosa región
llego, donde las señales
de vuestras plantas me avisan
que allí mis labios estampe. (49).

El beso obligatorio de las plantas de la duquesa se convierte en la alabanza épica de Sor Juana misma, con sus alas de tinta y papel, la heroína
cuyos escritos atraviesan el mar.

En su conquista literaria de la península se ve la culminación de un
proceso de descentralización en que Sor Juana ha legitimado el papel
para la mujer letrada y ha logrado tener éxito como poeta fuera de su
convento novohispano. El romance a la duquesa ejemplifica el espacio
contestatario en que Sor Juana hace valer su propia voluntad estética.
No obstante, en otro poema dirigido a la metrópoli, un soneto escrito
a la marquesa de la Laguna para la publicación del primer tomo de sus
obras, el tono carece de rebeldía. Al no verse obligada en esta relación
a asumir una posición sumisa, Sor Juana escribe un poema de ocasión
muy convencional:

El hijo que la esclava ha concebido,
dice el Derecho que le pertenece
al legítimo dueño que obedece
la esclava madre, de quien es nacido.

El que retorna el campo agradecido,
opimo fruto, que obediente ofrece,
es del señor, pues si fecundo crece,
se lo debe al cultivo recibido.

Así, Lysi divina, estos borrones
que hijos del alma son, partos del pecho,
será razón que a ti te restituya;

y no lo impidan sus imperfecciones,
pues vienen a ser tuyos de derecho
los conceptos de un alma que es tan tuya

Ama y Señora mía, besa los pies de V. Excia., su criada
Juana Inés De La Cruz. (158)

La autora aparentemente se niega el dominio sobre su propia escritura y acepta la posición de sumisión —esclava, siervo, criada— que le corresponde. El soneto, que abre el volumen como dedicatoria, expresa el gran deber y amistad de Sor Juana para la mujer que le ha ofrecido el monumento eterno de la publicación de sus obras. El pensamiento político de Sor Juana se revela otra vez en la forma en que se establece una relación conflictiva, violenta, y física en los cuartetos, que se transforma en la resolución intelectual y amorosa de los tercetos: "será razón que a ti te restituya . . . pues vienen a ser tuyos de derecho / los conceptos de un alma que es tan tuya" (158). El libro vuelve a ser el hijo de las dos: culminación de esta trayectoria hacia la creación de un espacio no contestatario. Los versos del soneto no intentan subvertir la tradición porque la poeta no siente la necesidad de justificar su papel de mujer letrada frente a esta autoridad. La manera en que el soneto dedicatorio acata los códigos de alabanza también implica que Sor Juana no quiere desjerarquizar una relación que ya es igualitaria.

En conclusión, este deseo de forjar una relación que fomente la creación de un espacio intelectual y literario femenino, la meta central de la estética política de su poesía de ocasión, se logra en otro texto recién descubierto: los *Enigmas ofrecidos a la casa del placer*. En este libro, publicado por la marquesa, la divina Lysi participa en otra inversión de la jerarquía del género ocasional. Como respuesta al soneto de Sor Juana, la marquesa escribe un poema dedicatorio e insiste en que el texto es el producto del ingenio sorjuanino. Siguiendo el modelo de Sor Juana, la mecenas invierte la jerarquía poética y le escribe un poema a Sor Juana:

> Amiga, este libro tuyo
> es tan hijo de tu ingenio
> que correspondió, leído
> a la esperanza el efecto.
> Hijo de tu ingenio digo:
> que en él solo se está viendo,
> con ser tal la expectación
> extenderla el desempeño. (83)

Al sacar la pluma y entrar en el espacio poético, la marquesa, cuyo poema aparece entre homenajes poéticos de algunas monjas portuguesas, demuestra su apoyo de la agenda político- literaria de Sor Juana. Participando en un diálogo intelectual entre mujeres, Sor Juana y las otras monjas se rinden homenaje. En los *Enigmas*, escrito después de la *Respuesta* y publicado en el año de su muerte, se ve la finalidad de este proceso de descentralización: el espacio poético altamente conflictivo de la ocasión, en el que Sor Juana cuestionaba las jerarquías dominantes, es reemplazado por un espacio de diálogo e intercambio intelectual.

NOTAS

*See page 150. Les agradezco mucho a Karen Stolley, a Paula Queipo-Pérez, y a los editores de este volumen por sus valiosos comentarios en los borradores iniciales de este trabajo.

1. Menéndez y Pelayo propone que la poesía ocasional debe ser borrada del canon sorjuanino porque "no es más que un curioso documento para la historia de las costumbres coloniales, un claro testimonio de cómo la tiranía del medio ambiente puede llegar a pervertir las naturalezas más privilegiadas" (69). Ortega Galindo comenta que "Toda esta poesía circunstancial, ocasional y cortesana no es auténtica obra de arte" (29). En las numerosas ediciones recientes de la obra de Sor Juana la reacción crítica ha sido más favorable (Asún

45; González Boixo 54–55). La introducción a *Inundación castálida* de Sabat de Rivers trata el tema y señala el problema de la categorización de estos poemas (31–38). No obstante, la poesía ocasional no es muy comentada ni suele figurar como una categoría principal de la producción poética de Sor Juana. Algunos investigadores han empleado el marco de lo ocasional con mucho éxito en relación a otros géneros literarios: los villancicos (Moraña), las loas (Poot Herrera, "Voces, ecos") y los arcos triunfales (Sabat de Rivers, "El 'Neptuno'"). Sin embargo, en la crítica sorjuanina sólo recientemente han aparecido algunos estudios que tratan el tema de la poesía ocasional (Luiselli, Perelmuter, Poot-Herrera, "En cada copla," "Romances de Amiga"), aunque una excepción curiosa es el ensayo de Rosa Chacel.

2. El libro *Sor Juana Inés de la Cruz: Saberes y placeres* de Margo Glantz ofrece una recreación pictórica de los regalos que Sor Juana les mandó con un poema a los virreyes y una discusión de la tradición del poema de obsequio.

OBRAS CITADAS

Asún, Raquel. "Introducción." *Lírica: Sor Juana Inés de la Cruz*. Barcelona: Ediciones B., 1988. 7–93.

Chacel, Rosa. *Poesía de la circunstancia*. Bahía Blanca, Argentina: Universidad Nacional del Sur, 1958.

Cruz, Juana Inés de la. "La carta [de Monterrey]." *Obra selecta*. Ed. Margo Glantz. 2 vols. Caracas: Ayacucho, 1994. 1:441–47.

———. *Enigmas ofrecidos a la casa del placer*, ed. Antonio Alatorre. México: Colegio de Mexico, 1995.

———. *Obras completas*. México: Porrúa, 1992.

Glantz, Margo. *Sor Juana Inés de la Cruz: Saberes y placeres*. Toluca: Instituto Mexiquense de Cultura, 1996.

González Boixo, José Carlos. "Introducción." *Poesía lírica: Sor Juana Inés de la Cruz*. Madrid: Cátedra, 1992. 9–67.

Luiselli, Alessandra. "Sobre el peligroso arte de tirar el guante: la ironía de Sor Juana hacia los virreyes de Galve." *Los empeños: ensayos en homenaje a Sor Juana Inés de la Cruz*. México: UNAM, 1995. 93–144.

Menéndez y Pelayo, Marcelino. *Historia de la poesía hispanoamericana*. Vol. 1. Santander: Consejo Superior de Investigaciones Científicas, 1948.

Moraña, Mabel. "Poder, raza y lengua: la construcción étnica del Otro en los villancicos de Sor Juana." *Colonial Latin American Review* 4.2 (1995): 139–54.

Ortega Galindo, L. "Introducción." *Selección: Sor Juana Inés de la Cruz*. Madrid: Editorial Nacional, 1978. 9–43.

Perelmuter, Rosa. "Las 'filosofías de cocina' de Sor Juana Inés de la Cruz." *Diversa de mí misma entre vuestras plumas ando.* México: El Colegio de México, 1993. 349–54.

Poot Herrera, Sara. "'En cada copla una fuerza / en cada verso un hechizo': los romances de Sor Juana." *Memoria del Coloquio Internacional Sor Juana Inés de la Cruz y el pensamiento novohispano.* México: UAEM, 1995. 351–65.

———. "'Romances de Amiga': Finezas poéticas de Sor Juana." *Esta, de nuestra América pupila: Estudios de poesía colonial.* Ed. Georgina Sabat de Rivers. Houston: Society for Renaissance and Baroque Hispanic Poetry, 1999. 188–207.

———. "Voces, ecos y caricias en las loas de Sor Juana." *Los empeños: ensayos en homenaje a Sor Juana Inés de la Cruz.* México: UNAM, 1995. 167–80.

Sabat de Rivers, Georgina. "El 'Neptuno' de Sor Juana: fiesta barroca y programa político." *Estudios de literatura hispanoamericana: Sor Juana Inés de la Cruz y otros poetas barrocos de la colonia.* Barcelona: PPU, 1992. 241–56.

———. "Introducción." *Inundación castálida.* Madrid: Clásicos Castalia, 1986. 9–71.

CHAPTER 7

Carmen Laforet's Nada

Upward and Outward Bound in Barcelona

ALISON N. TATUM-DAVIS

While many critics have recognized the literary merit of Nada by high-lighting certain aspects of the novel, such as its narrative strategies or coming-of-age theme, none of them have explored the importance of urban space, both public and private, in relation to the maturation process of the novel's protagonist, Andrea. For example, in Carmen Laforet, Roberta Johnson acknowledges that "art and place are consistently important elements in Laforet's fiction" (16). Yet while Johnson does explore the role of art in Nada, she does not discuss in any detail the role of place in the novel. Mirella Servodidio's "Spatiality in Nada" outlines the importance of inner and outer spaces in the novel, recognizing Laforet's creation of a "remarkable spatial construct" (70). Though Servodidio calls attention to the physical loci (inner v. outer) in which Andrea travels, she does not discuss the private/public dichotomy of Andrea's life in the city. Consequently, my approach will be to analyze this dichotomy and reveal the diverse power struggles that ultimately lead to Andrea's actions, reactions, and personal growth.

According to the premise of spatial theorists—such as Henri Lefebvre, Leslie Weisman, and Doreen Massey—that our environments, both private and public, influence and shape our personal identities, we act and are a certain way due to our spatial practices. Thus, a definite "ongoing dialectical relationship between social space and physical space" exists, in which power relations affect the way each person functions in a society (Weisman 10). And since men in society traditionally determined and allocated women's spaces (which were typically limited to interior spaces), the emergence of women into the public sphere signified the disruption or collapse of the existing order.

In the case of Nada, Laforet deliberately maps out Andrea's escapades street by street in order to review a year of her life thoroughly and completely. Every place and space represents a particular social and spatial practice in her life. The boundaries imposed on her by her family, friends, and Barcelonese society, in both the private and public spheres, have specific consequences on her attempt to form a cohesive self. As she continues to venture out farther and farther into unfamiliar areas of Barcelona, she finds adventure, disappointment, solace, and independence. Ultimately, her perception of space and how she exists in it determine her fate and contribute to her growth.

The novel's tripartite structure allows the reader to review, both independently and collectively, the physical locations of Andrea's experience. The private and public spaces of the first two parts contrast with one another and are then interwoven in the last part, in which Andrea's experiences in Barcelona reach a climax. Her adventure begins and ends at the house of her relatives on Aribau Street, with other significant episodes occurring at Ena's house, Guíxols's studio, Pons's house, the plaza of the cathedral, the barrio chino, and on the streets of Barcelona.

In part one of the novel, the house on Aribau Street is the focal point. Upon her arrival, Andrea finds herself surrounded by dilapidated furniture, cobwebs, and ghostly figures. Her first impression is a sense of repugnance for the residence and its inhabitants. The physical environment perfectly reflects the existing state of affairs of the household: in ruins and out of order. Although three generations of her family live there, there is no sense of harmony or community; the spaces inside are strictly divided. Family members use the areas of the house in different ways to gain power and take advantage of each other, as evidenced by Andrea's comments on how they sneak around and consciously trespass into the others' rooms, seeking to undermine one another. Lefebvre states that physical space "serves as a tool of thought and of action; . . . it is also a means of control, and hence of domination, of power" (27).

This hierarchy of power is clearly reflected by the physical space occupied by each member of the Aribau Street household.

Román occupies the uppermost attic of the house, from where he manipulates and pits various family members against one another. He rules from above, while all the females and Juan inhabit the lower levels. Accordingly, Román's position inherently stipulates that he oversee the actions of those below him. In *Discrimination by Design: A Feminist Critique of the Man-Made Environment*, Weisman explains that in many cultures the superior status of men corresponds to their traditional physical placement in the house. In such cases, as in the Aribau Street house, the upper level signifies male supervision of the home, while the interior and lower levels indicate female spaces. Despite Román's apparent position of power within the household, however, it is Andrea, Angustias, Gloria, and Juan who ultimately contribute in small ways to the welfare of the others. Román does not.[1] Even so, it is he who retains the power in the house.

From her orderly room below the attic, Angustias attempts to rule the lower floor with her stern hand and chastising manners while she secretly lives another, slightly sordid, life. Antonia, the maid, rules the kitchen and therefore the food distribution. In their bedroom and in his studio, Juan controls Gloria by physical and verbal abuse. Emasculated by Gloria's financial support of the family and his nurturing ways with the baby, however, Juan also lives on the lower floor. The grandmother is simply a figurehead; she controls nothing, nor is anything said about her bedroom except that it is on the main floor and sometimes serves as a refuge for Gloria. The only free creatures in the house are the dog, Trueno, and the cats, whose smell of urine permeates every room.

Andrea comes to understand the complex, perverted hierarchy of the family and realizes she must adapt her lifestyle in order to survive and transcend the household organization. As Lefebvre argues, "All 'subjects' are situated in space in which they must either recognize themselves or lose themselves, a space which they may both enjoy and modify. In order to accede to this space, individuals . . . who are, paradoxically, already within it, must pass tests" (35). Andrea recognizes that she must modify her situation in the house if she does not want to lose herself.

In the beginning, Andrea acquaints herself with each family member and follows the household protocol by respecting the spaces of others, but she has no recourse to the violation of her own space and belongings since she sleeps in the living room. In the house on Aribau Street, there is no real privacy except for Román's attic apartment. All of the residents trespass and try to implicate the others in devious ways. Andrea knows Román has rummaged through her suitcases and has read Angustias's letters; she also knows Gloria has borrowed her clothing. However, she is partially liberated when Angustias leaves for the convent.[2] In an act of defiance towards Angustias, Andrea boldly moves immediately to usurp the now empty bedroom without Angustias's permission. This is the first indication that Andrea is learning to act on her own.[3]

The home on Aribau Street is not and never has been a place of comfort or security for those who inhabit it, particularly for its women. In the final pages of the novel, Andrea recounts a telling scene between the grandmother and her daughters who come home after Román's suicide. The daughters accuse their mother of favoring her sons over her daughters, blaming her for the family's final tragedy. "No hay más que ver la miseria de esta casa. Te han robado, te han despojado, y tú, ciega por ellos. Nunca nos has querido ayudar cuando te lo hemos pedido. . . . ¡Si al menos fueran ellos felices, aunque estuviéramos despojadas; pero, ya ves, lo que ha sucedido aquí prueba que tenemos razón!" (264–65). According to the daughters, the male children have always enjoyed a privileged position in the family. Román's occupation of the upper floor as an adult indicates the perpetuation of this favor. According to the daughters, the mother has allowed the male children to ruin the family by their usurpation of the entire house. The daughters claim that her favoritism and her subsequent lack of control over her own space (the house on Aribau Street) ultimately breaks down the family structure. If Román and Juan (to a lesser degree) occupy a privileged position in this family, then Abuela's actions show how spatial inequality leads to deterioration, downfall, and destruction. The house on Aribau Street, more than any other place in the novel, is where Andrea learns what she does not want to become.

Since all the adult role models in the household are unacceptable and the familial atmosphere does not offer any positive opportunities for psychological or emotional growth, Andrea realizes she will have to seek out constructive, beneficial relationships in other environments. She begins this pursuit at the university, where she integrates easily and makes friends quickly: "Sin mucho esfuerzo conseguí relacionarme con un grupo de muchachas y muchachos compañeros de mi clase . . . sólo aquellos seres de mi misma generación y de mis mismos gustos podían respaldarme y ampararme contra el mundo un poco fantasmal de las personas maduras" (57).

Like many adolescents, Andrea finds refuge in the company of her friends. She succinctly describes the dichotomy of her life as "dos mundos . . . el de mis amistades de estudiante con su fácil cordialidad y el sucio y poco acogedor de mi casa" (60). Andrea's assimilation into university life not only provides an escape from her home life, but also allows her to develop relationships that lead her to unknown venues and neighborhoods and their corresponding social classes. In particular, Andrea's acquaintance with Ena presents her with many occasions to branch out from her restrictive home life. Ena, who belongs to a higher social class, initially befriends Andrea because of her interest in meeting Román. As Ena and Román do not immediately meet, Andrea and Ena spend time together and develop a sincere friendship. During this period, Andrea has free access to move in the same spaces in which Ena travels.

Andrea's first positive experience in a domestic environment in Barcelona occurs at Ena's house. As expected, Andrea first gives details of the physical house and then describes the internal social interactions of the residents and their guests. "Me detuve en medio de la Via Layetana y miré hacia el alto edificio en cuyo último piso vivía mi amiga. No se traslucía la luz detrás de las persianas cerradas, aunque aún quedaban, cuando yo salí, algunas personas reunidas, y, dentro, las confortables habitaciones estarían iluminadas" (107). This brief account provides the reader with considerable insight into Andrea's perception of Ena's life:

the lighting, the music, and the social gatherings are in complete contrast with the general physical and social environment of her own house. Ena's family and friends are united in one space, enjoying each other's company. Later she notes that Via Layetana, Ena's street, is "tan ancha, grande y nueva," signifying the modernity of Ena's neighborhood (108). As reflected by the constructed environment, a bright, loving aura exists in Ena's house.[4]

Andrea remembers most the "cordial acogida" that Ena's family gives her (113). They make her feel at home, something she never experiences on Aribau Street. "Parecía que me conocía de toda la vida, que sólo por el hecho de tenerme en su mesa me agregaba a la patriarcal familia" (114). Ena's family has civil, entertaining conversations, and even in disagreement, they are courteous towards one another. Andrea longs for this kind of family. She begins to see herself as part of Ena's family, since she spends most of her time outside of school at Ena's house. Likewise, she claims, "la familia empezaba a considerarme como cosa suya" (119).

Hana Wirth-Nesher states that "the setting . . . serves as a counterpart for character, representing the character's search for his or her 'true' identity, for an appropriate 'home'" (18). After losing her parents, being sent to a convent, and living with her bizarre relatives, Andrea searches for a place to call home with a family that will nurture and guide her. She finds this home with Ena's family, not her own. Because she feels loved and cared for by Ena's family, her sense of security and trust is restored in their presence. Additionally, Ena invites Andrea to join in her weekend escapades with Jaime, her boyfriend, where they visit the mountains, the beach, and the countryside, thus affording Andrea another kind of freedom.

Servodidio argues that Ena controls the spaces in which Andrea moves. While this is true in the case of Ena's home and the trips with Jaime, Andrea, of her own accord, explores other relationships with male peers and enters new and diverse spaces. She ventures into unfamiliar neighborhoods where she attempts to discover other sides of her personality and is introduced to different levels of society. During this period, she realizes what she likes and dislikes about herself, where she belongs, who she is, and who she is not.

Andrea furthers her mission of self-discovery by entering spaces of differing gender and class associations that are independent of her relationship with Ena. In addition to Ena's house, Andrea finds enlightenment, comfort, and contentment at Guíxols's studio, where Pons takes her to meet his bohemian friends. In the studio, which prior to her entrance was strictly a male-only space, independent artists and friends share thoughts, ideas, and aspirations. Andrea is not fully accepted as an equal in Guixol's studio; yet in spite of Pons's chauvinistic request that she prepare the coffee and sandwiches, she recalls, "me encontraba muy bien allí; la inconsciencia absoluta, la descuidada felicidad de aquel ambiente me acariaban el espíritu" (148). Her description of the studio, much like that of Ena's house, confirms her positive feelings about its social ambience: "Un cuarto grande, lleno de luz, con varios muebles enfundados —sillas y sillones—, un gran canapé y una mesita donde, en un vaso —como un ramo de flores—, habían colocado un manojo de pinceles" (144). It, too, stands in stark contrast to the house on Aribau Street and in particular to Juan's studio, with its piled-up furniture, darkness, and lack of supplies.

The last private milieu Andrea encounters is Pons's house on Muntaner Street. She anticipates a life-changing experience as she enters the high-society party at his house: "Pons vivía en una casa espléndida al final de la calle Muntaner. . . . Un mundo que giraba sobre el sólido pedestal del dinero y de cuya optimista mirada me habían dado alguna idea las conversaciones de mis amigos" (202). Briefly, Andrea equates Pons's house, money, and higher social class with happiness. Her own naïveté leads her to believe that when she enters this world, she will be welcomed and become a part of it. Once she enters the party, however, she immediately feels uncomfortable; all eyes are upon her and her inappropriate attire. She quickly learns—as she stands "entre los alegres trajes de verano" with her "viejos zapatos"—that gaining access to a new space does not guarantee acceptance (202–3). She finds herself confused and completely disillusioned in this unfamiliar setting.

Andrea's experience at Pons's party abruptly reminds her that she cannot easily escape her social class or her family situation. After being embarrassed and abandoned by Pons, she leaves the party and returns to Aribau Street. She learns an important lesson that afternoon: there is no Prince Charming coming to her rescue.[5] She alone will have to make her own destiny. As feminist theorist Linda McDowell points out, "The work of constructing an identity is never complete, involving struggles and resistances as well as acceptance, pleasure and desire" ("Spatializing Feminism" 41). Andrea's negative experience helps her learn about herself through her perceptions of the people who occupy other spaces and how they ultimately perceive her. She equates physical locations with different social classes and hierarchies; she learns which ones she can enter, which ones she cannot, and the boundaries that separate them.

Juxtaposed to the private spaces that influence Andrea's perception of her friends, family, and self are public spaces that allow her to explore, identify, and develop feelings and opinions. She prefers to venture out on the streets unaccompanied so as not to have her experiences negatively influenced by anyone else. Alone, Andrea is able to think and feel without the patriarchal views of the Spanish postwar society being imposed upon her.

The significance of public spaces in Andrea's life becomes clear in the first part of the novel. Angustias immediately curtails Andrea's anticipation of new experiences, not permitting Andrea to leave the house without her. She warns Andrea, "la ciudad, hija mía, es un infierno. Y en toda España no hay ciudad que se parezca más al infierno que Barcelona" (26). Strangely, Angustias then obliges Andrea to take walks with her through their neighborhood.

These first outings stifle Andrea, as Angustias completely controls her moves, her mannerisms, and even her clothing. She remembers, "aquellos recorridos de Barcelona eran más tristes de lo que se puede imaginar" (32). She learns to skirt Angustias's rules by waiting for her to leave for work and then slipping out to the streets. Angustias scolds Andrea, prohibits her from going anywhere alone, and demands she go to and from the university without any detours. For the first time, in this conversation, Angustias names streets and zones where Andrea explicitly should not go: "Espero que no habrás bajado hacia el puerto por las Ramblas"; "hay unas calles en las que si una señorita se metiera alguna vez, perdería para siempre su reputación. Me refiero al barrio chino" (56). Andrea spitefully envisions it "iluminado por una chispa de gran belleza" (56). The introductory sentence of the second part of the novel embodies the next stage of Andrea's experience in Barcelona: "Por primera vez, me sentía suelta y libre en la ciudad, sin miedo del fantasma del tiempo" (107). She finally feels free in the city without being afraid of getting caught. Once Angustias leaves the house, Andrea can, in part, do whatever she wants. One day she attends a gathering at Ena's house and, upon leaving, cannot decide where to go next, "entre las casas silenciosas de algún barrio adormecido . . . o . . . el ambiente del centro de la ciudad" (108). She finds so many things she wants to see that the city overwhelms her. In this episode, she decides to follow Via Layetana (Ena's street) down to the port. After a short period of contemplation, she decides to go to the plaza of the cathedral.

The oldest and largest church in the city sits right in the middle of the old town, the *barrio gótico*. Andrea's decision to enter the dark streets of this neighborhood marks her first solo escapade. "Nada podía calmar y maravillar mi imaginación como aquella ciudad gótica naufragando entre húmedas casas construídas sin estilo en medio de sus venerables sillares, pero a los que los años habían patinado también de un modo especial, como si se hubieran contagiado de belleza" (115). This forbidden part of the city holds something indescribably enchanting and beautiful for her. Andrea's excursion to the cathedral also leads to her first one-on-one encounter with a stranger on the streets. It is a significant moment because Andrea—alone and somewhat afraid in the dark, narrow streets—recognizes the value of and need for human contact and appreciates her brief encounter with the old man. His presence makes her feel comfortable. Once she reaches the cathedral, she is awestruck and overcome with emotion.

Only when Gerardo, a boy from Ena's house, recognizes her does the place lose its fascination and magic. She thinks, "¡Maldito! —pensé—; me has quitado toda la felicidad que me iba a llevar de aquí" (116). Gerardo has clearly invaded her space because (unlike the old man) he imposes his presence (and later will impose his values) on her. She quickly informs him that she prefers to be alone on the streets. In *The Sphinx in the City*, Elizabeth Wilson explains that "both Western and non-Western societies have regulated women's movement in cities, although to varying degrees. The protection and control of women have everywhere gone hand in hand, but cities have posed a challenge to men's ability to retain their hold" (16). Gerardo attempts to protect Andrea through his actions; by doing so, even if unconsciously, he tries to control her movements as well. He tells her, "en serio, Andrea, si yo fuese tu padre, no te dejaría tan suelta" (117). Andrea perceives his concern as an attempt to dictate her movements.

In spite of Gerardo's behavior, Andrea promises him that she will call him some other day—only so she can continue alone on her way home. Later, when she is mad at Ena, she decides to go out with him "para . . . recorrer los rincones pintorescos de Barcelona" (133). Although they visit many interesting places in the city, he again annoys her with his condescending questions and "consejos paternales" (137). She enjoys their journey through the city until he begins to pry into her private life and then violates her personal space with his unwanted kisses. This is the second time he has invaded her space and will be her last encounter with him because of it. Andrea values the solitude that she finds on the streets: when that solitude is interrupted or invaded, she loses her sense of self and direction and, as in this episode, feels "desalentada," "debilitada y triste" (137).

Andrea's next excursion into the public sphere occurs when Juan, in a fit of rage, goes out to look for Gloria. As instructed by her grandmother, Andrea follows him in his search. Staying close behind him and eventually joining him, she recounts every step of their descent from la plaza de la Universidad to las Ramblas and into the shadowy streets of the infamous barrio chino.[6] She maps out their journey in precise detail so that the reader can mentally picture some of the places and spaces that belong to the people who live there. At last, Andrea follows the path previously forbidden by Angustias, and she enters the ultimate male space: the red-light district.

Andrea's explicit details about this scene reveal its importance in her life. She is able to see things as they really are. She begins with the descriptions of the neighborhood: "la gente . . . grotesca," "callejuelas oscuras y fétidas," "aquel infierno" (163–65). Her previous illusions about the barrio chino have disappeared. More importantly, she begins to see Juan and Gloria for who they are. She learns about relationships and human nature through their actions in this scene, and the unpleasant reality of the barrio chino reminds her of what her grandmother said earlier that year, "no todas las cosas que se ven son lo que parecen" (78). Andrea begins to understand the difficult adult world, and for the first time she is able to feel pity, compassion, and forgiveness toward Juan and Gloria.

Throughout the novel, Andrea also looks to the streets to provide asylum from the rest of her life. The streets are the only place where she can achieve total solitude and independence. She craves the anonymity of the streets, the ability to be alone among the crowds and to experience the city—constructed and living—without the influence or opinion of anyone else. Her trip to the cathedral illustrates this desire. "Una fuerza más grande que la que el vino y la música habían puesto en mí, me vino al mirar el gran corro de sombras de piedra fervorosa. . . . Una paz, una imponente claridad se derramaba de la arquitectura maravillosa" (116). This experience demonstrates the power of architecture to captivate and beguile her. She undergoes a transformation that allows her to develop new thoughts and viewpoints about life and her place in the world. Ironically, the public sphere of the city streets is the only place where she has the privacy to do so.

In the final part of the novel, the streets serve primarily to provide an escape, rather than as spaces of exploration and contemplation. After the final encounter between Ena and Román, Andrea instinctively flees to the streets, where she hides among the multitudes of people. Later, when Ena's family is in San Sebastián for the summer and her bohemian friends have all left on vacation, she has nowhere else to go. The streets are her only refuge from the miserable atmosphere on Aribau Street, her home during her last days in Barcelona. Andrea recalls that "para ahuyentar a los fantasmas, salía mucho a la calle" (268).

Yet while Andrea flees to the streets immediately after the final encounter between Ena and Román—in the process, committing the ultimate transgression of space—her actions may also hint at a possible future balance of spaces. In her most courageous act, Andrea invades Román's room in the attic when she senses that Ena is in danger. Upon approaching his door, she decides to go onto the terrace outside Román's room and eavesdrop on their conversation. As she describes her boldest undertaking, "Impulsiva, me puse a cuatro patas, como un gato, y me arrastré, para no ser vista, sentándome bajo aquel agujero" (238). Outside of Román's window she collects herself, literally as well as metaphorically gaining a better position before interrupting them. She precipitously moves from the terrace to Román's door, upon which she knocks incessantly until he opens it. In an act of heroism, Andrea enters Román's room, shields Ena from the gun she suspects he has, and allows Ena to leave unscathed.

The episode is remarkable in that it begins with Andrea inside the house (climbing the steps leading to Román's room), then going outside to the terrace so she can hear better, and finally re-entering the house to confront him. This ultimate transgression of space required deliberate action and risk on Andrea's part in order to gain personal freedom for herself and for Ena. Hence, Andrea not only breaches the unspoken boundary of the household hierarchy, but also negotiates the public (exterior) and private (interior) spaces.

The novel's conclusion affirms Andrea's desire to continue a life on the city streets, where new and exciting adventures await her. She moves to Madrid, an even larger city with entirely unfamiliar neighborhoods, streets, and plazas. She now sees the city for what it is: socioeconomically diverse neighborhoods, beautiful architecture, indifferent crowds, and possibilities for both failure and growth. Her experience in Barcelona prepares her for the next rite of passage—but this time, she will be under the auspices of a stable and loving family.

This review of Andrea's movements in Barcelona's private and public spheres suggests a hypothesis about her development and her search for a female identity. Andrea's occupation of new spaces (even if only for a short time) teaches her to become an active participant in the world around her, both for her own sake and that of others. She leaves the madness and instability on Aribau Street for a secure future in Madrid. As Elizabeth Ordóñez explains, Laforet "manipulates a choice of her protagonist in such a way so as to insure that Andrea enter into and experience a negative form of the family . . . and then abandon that context in order to move concurrently outward and into a positive familial structure" (62).

Ultimately Andrea achieves this move—into a "positive familial structure" in the private realm (Ena's home) and public sphere (a new city, Madrid)—through her own occupation of and intrusion into others' spaces. The most significant moments of the year occur when Andrea acts: her occupation of Angustias's room, her adventures in the barrio chino, her temporary entrance into high society at Pons's house, and her invasion of Román's room during his final meeting with Ena. As Elizabeth Grosz explains, "the possibility of occupying, dwelling, or living in new spaces . . . help[s] generate new perspectives, new bodies, new ways of inhabiting" (124).

In a clear progression, Andrea moves from the living room to Angustias's room and then to Román's room. She also moves beyond her own neighborhood and the university, traveling the streets of the barrio gótico and the barrio chino. Each step requires more action and courage on her part. She becomes more autonomous and authoritative as she moves out and up, leaving her inferiority complex in the interior and lower spaces. In this year, a transformation takes place: from a female adolescent who would not participate in the conversations of others or rebel against her authoritarian aunt, a young woman emerges with opinions of her own and a new perspective on life. Salvador Crespo Matellán concurs: "Se ha producido una metamorfosis interna, con la que culmina esta etapa de su vida, que ha supuesto un penoso proceso de maduración" (146). Pérez Firmat believes that "it is clear that Andrea does come away from her experiences with something . . . she is more lucid or perceptive than she was before." (31).

Andrea's movement from a confined guest in her relatives' house to an independent working woman and student-to-be in Madrid illustrates progress in her quest for a complete, feminine identity. While she has created ties to Ena's family, these ties are not a sign of dependence. The family's moral support, acceptance, and approval allow her to proceed as an adult, making her own decisions and creating new spaces for herself. Consequently, Andrea has a better chance of success in her future endeavors. Del Mastro affirms that her "new identity realm is not dysfunctional like her own psychotic relatives, but rather is stable and in accord with her future needs" (64).

One aspect of the novel that has been discussed throughout this essay but that merits highlighting is the ironic disjunction, mainly in parts one and two, between Andrea's lack of privacy while in a private space and the intimacy she finds in public spaces. Early on, she is reprimanded for locking her door and advised that it must always be "libre." Thus, ironically, Andrea's private space soon becomes a space of asphyxia, from which she must escape. In the first part, she could only talk and dream about her desire to roam the streets because her chaperoned—and therefore restricted—outings with Angustias were "certainly daunting, since personal development and freedom [were] prohibited" (Del Mastro 56). However, in part two, she begins openly to explore the city whenever she wants. It is there, in the public space, where she can "respirar su aire frío" (120), discovering "la intimidad que me proporcionaba la indiferencia de la calle" (208). In the end, not only does a new sense of liberation replace the dreadful first impression she had of the Aribau Street house, where "me pareció todo una pesadilla" (13), but a "viva emoción" surrounds her as the car takes her toward new public and private spaces.[7]

In sum, by venturing into diverse, unknown territories, Andrea looks for new spaces where she may break down extant boundaries between men and women and their spatial relations. In her quest, Andrea seeks openness, freedom to become an adult in a difficult, patriarchal society in which female growth is hindered by spatial restrictions and limitations. Her outward and upward movement allows her to reach personal goals that had been previously unattainable for her.

NOTES

1. Andrea helps Gloria; Angustias works and earns money for the family; Gloria works to earn money for Juan and the baby; and Juan takes care of the baby. They all have some redeeming qualities in spite of their serious character flaws.

2. Andrea will never have privacy in this house because the other family members will not allow it. Juan leaves her notes that say to leave the door to her room unlocked because her room may be needed at any time. "En todo momento debe estar libre tu habitación" (118).

3. Barry Jordan and Ruth El Saffar argue that Andrea is a passive character who lacks the depth and maturity to learn from her mistakes; they also contend that there is no change at the end of the novel. I would argue that although this is true in the beginning of the novel, Andrea steadily moves into a proactive role as she becomes familiar with and more involved in the personal settings and social spheres of Barcelona. As Andrea observes the physical spaces and actions of each character, she becomes intimately acquainted with each one, and she develops a rapport and a corresponding plan of physical movement and emotional manipulation of her own.

4. Andrea imagines the rooms as comfortable and "iluminadas" (107); later she describes Ena's life as "radiante" (140).

5. See Virginia Higginbotham's "Nada and the Cinderella Syndrome," and Emilie Bergmann's "Reshaping the Canon: Intertextuality in Spanish Novels of Female Development" for more on Andrea and the fairy tale.

6. From where Andrea lives on Aribau Street, she must go south and follow a downward path; it is a literal as well as a metaphorical descent into the barrio chino.

7. Inmaculada de la Fuente refers to cinematographic versions of Nada in which the female protagonist seeks salvation in love. This distorted version clearly undermines the progression toward the cohesive and independent identity of the novel's character.

WORKS CITED

Bergmann, Emilie. "Reshaping the Canon: Intertextuality in Spanish Novels of Female Development." *Anales de literatura española contemporánea* 12, nos. 1–2 (1987): 141–56.

Crespo Matellán, Salvador. "Aproximación al concepto de personaje novelesco: los personajes en Nada de Carmen Laforet." *Anuario de Estudios Filológicos* 11 (1988): 131–47.

Del Mastro, Mark. "Cheating Fate: Female Adolescent Development and the Social Web in Laforet's Nada." *Hispanic Journal* 18 (Spring 1997): 55–66.

El Saffar, Ruth. "Structural and Thematic Tactics of Supression in Carmen Laforet's Nada." *Symposium* 28 (Summer 1974): 119–29.

Fuente, Inmaculada de la. *Mujeres de la posguerra. De Carmen Laforet a Rosa Chacel: Historia de una generación*. Barcelona: Editorial Planeta, 2002.

Grosz, Elizabeth. *Space, Time, and Perversion*. London: Routledge, 1995.

Higginbotham, Virginia. "Nada and the Cinderella Syndrome." *Rendezvous: Journal of Arts and Letters* 22.2 (Spring 1986): 17–25.

Johnson, Roberta. *Carmen Laforet*. Ed. Janet W. Diaz. Boston: Twayne, 1981.

Jordan, Barry. "Looks That Kill: Power, Gender, and Vision in Laforet's *Nada*." *Revista Canadiense de Estudios Hispánicos* 17.1 (Fall 1992): 85–103.

Laforet, Carmen. *Nada*. 27th ed. Barcelona: Ediciones Destinos, 1999.

Lefebvre, Henri. *The Production of Space*. Oxford: Blackwell, 1991.

Massey, Doreen. *Space, Place, and Gender*. Cambridge, Eng.: Polity, 1994.

McDowell, Linda. *Gender, Identity, and Place: Understanding Feminist Geographies*. Cambridge, Eng.: Polity, 1999.

———. "Spatializing Feminism: Geographic Perspectives." *Bodyspace: Destabilizing Geographies of Gender and Sexuality*. Ed. Nancy Duncan. New York: Routledge, 1996. 28–44.

Ordóñez, Elizabeth. "Nada: Initiation into Bourgeois Patriarchy." *The Analysis of Hispanic Texts: Current Trends in Methodology*. Ed. Lisa Davis and Isabel Tarán. New York: Bilingual Press, 1976. 61–77.

Pérez Firmat, Gustavo. "Carmen Laforet: The Dilemma of Artistic Vocation." *Women Writers of Contemporary Spain: Exiles in the Homeland*. Ed. Joan L. Brown. Cranbury, N.J.: Associated University Press, 1991. 26–39.

Servodidio, Mirella. "Spatiality in Nada." *Anales de literatura española contemporánea* 5 (1980): 57–72.

Weisman, Leslie Ann. *Discrimination by Design: A Feminist Critique of the Man-Made Environment*. Urbana: University of Illinois Press, 1992.

Wilson, Elizabeth. *The Sphinx in the City: Urban Life, the Control of Disorder, and Women*. Berkeley: University of California Press, 1991.

Wirth-Nesher, Hana. *City Codes: Reading the Modern Urban Novel*. Cambridge, Eng.: Cambridge University Press, 1996.

PART 3

REMAKES AND UPDATES

Parody, Duality, Original, and Copy

CHAPTER 8

Los personajes femeninos en
Los crímenes extraños de Alfonso Sastre

Una reflexión sobre la cultura española de la democracia

MÓNICA JATO

¡Han matado a Prokopius!, Crimen al otro lado del espejo, y El asesinato de la luna llena —trasladadas al papel en 1996 y publicadas en 1997— integran la trilogía titulada Los crímenes extraños y responden al deseo de Alfonso Sastre de escribir un teatro policíaco que se diversifica, de hecho, en tres variedades: la primera constituye un drama policíaco-político, la segunda es un drama policíaco-fantástico, y la tercera recibe la clasificación de drama policíaco-psicológico. Las tres obras se insertan en el género de la comedia compleja que Sastre viene cultivando en las últimas décadas. En particular en esta trilogía, el constante flirtear del dramaturgo con el uso moderno de la parodia, tal y como lo describe Linda Hutcheon en A Theory of Parody: The Teachings of Twentieth-Century Art Forms (1985), permite realizar una lectura crítica de la situación del teatro español contemporáneo y de la cultura que lo ampara. Hutcheon establece en su ensayo que la parodia moderna no consistiría en una imitación ridiculizante o burlesca de un determinado texto sino más bien en "a form of imitation, but imitation characterized by ironic inversion, not always at the expense of the parodied text . . . , repetition with critical distance, which marks difference rather than similarity" (6). Revisitar, reescribir, invertir, y transcontextualizar serán los parámetros bajo los que se ordene el material dramático que conforma esta trilogía, en consonancia con los valores expuestos en A Theory of Parody: "The kind of parody upon which I wish to focus is an integrated structural modeling process of revisiting, replaying, inverting, and 'trans-contextualizing' previous works of art" (11). Su principal objetivo consiste precisamente en someter la realidad contemporánea a un deliberado escrutinio: "Many parodies today do not ridicule the backgrounded texts but use them as standards by which to place the contemporary under scrutiny" (57). Para ello, Sastre realiza una parodia del género policíaco así como del teatro del miedo en estas obras, pero no con la intención de satirizar dichos géneros sino de servirse de ellos —en concreto de su popularidad— para edulcorar su crítica a los gustos y costumbres estéticas que rigen la sociedad contemporánea. En particular, el género negro o thriller le proporcionará el canal más adecuado para tratar lo que pasa a su alrededor, dado que los acontecimientos que perfilan la realidad contemporánea no le parecen ni verdaderamente trágicos ni tampoco cómicos:

> . . . varias veces durante los últimos años me han preguntado cómo no escribía nada sobre lo que estaba pasando —violencia, terrorismo, corrupción . . . — y no se me ocurría otra cosa que decir que lo que sucedía no tenía ni la grandeza propia de lo trágico clásico ni la irrisoriedad propia de lo cómico ni la complejidad de mi invento (trajicomplejidad . . .), y que yo no estaba para escribir esperpentos. . . .
>
> Hoy veo que no había dado con un modo de enfrentarme con esas cosas, y que, sin embargo, se ofrece como un modo apropiado para estos temas: el género negro o "thriller," desde luego pasado por el alambique de una sensibilidad que es la mía. . . . Parece que algo así le ocurrió a Jim Thompson, después de sus experiencias, desencantos y problemas políticos . . . y se dedicó con una mezcla de ánimo, alcohol y desolación, a escribir género policíaco, a veces sobre sinopsis de otros, para colecciones populares y distribución de quiosco, como un modo adecuado a la expresión de sus vivencias y sus críticas a la sociedad norteamericana. (¡Han matado 22)

A partir del paralelismo con Thompson, las convenciones del género policíaco articularían el mensaje de desencanto que ambos autores comparten hacia sus respectivas sociedades, la norteamericana y la española.[1] Sastre menciona además el hecho de que las obras de Thompson parten, a veces, de "sinopsis" de otros y que utilizan los canales de difusión de la cultura de masas. Se introduce aquí una referencia indirecta al fenómeno de la "transcontextualización" —característica primordial de la parodia—, así como también un guiño a la manipulación de la literatura de evasión con unos determinados fines. En el caso de Sastre, bajo el envoltorio del entretenimiento se esconde una crítica soslayada a los abusos de la tiránica sociedad de consumo, a la violencia política que la vertebra, y al sacrificio diario de la utopía de la que ésta se alimenta. El mecanismo de la parodia conseguirá, a través de las técnicas mencionadas, desenmascarar las leyes encubiertas de la cultura oficial de la democracia, cuyas manifestaciones han quedado determinadas con demasiada frecuencia por la dictadura del euro. El propio teatro de Sastre se ha convertido en una víctima de esta tendencia, puesto que la primacía de los intereses ecónomicos lo han ido relegando al acto de la lectura silenciosa más que al de la vital representación. La sombra del desencanto sobrevuela su más reciente producción teatral, que —como reconoce con cierta amargura el propio dramaturgo— en contadas ocasiones llega a materializarse en los escenarios españoles.[2]

Los crímenes extraños abraza así el objetivo de despertar al lector-espectador del sueño del conformismo y de la inercia del estado de bienestar que le arrastran al consumo de ciertos productos culturales en detrimento de otras propuestas alternativas menos "evasivas" o escapistas. Como advierte José Antonio Pérez Bowie en su estudio "Dimensión ficcional y dimensión metaficcional del texto secundario (Sobre el último teatro de Alfonso Sastre)" (1999), Los crímenes extraños problematizan la difícil "relación del dramaturgo con el teatro comercial e institucional, y con la cultura de masas" (335). Este aspecto ha sido puesto de relieve en el singular tratamiento dramático que reciben los personajes femeninos de estas obras, en la medida en que se convierten en portavoces del descontento y en víctimas de esa despiadada cultura de consumo que asfixia cualquier otro tipo de manifestación artística. De acuerdo a estos presupuestos, el presente trabajo realizará un análisis de la trilogía basado en el examen de tres de sus personajes femeninos más significativos: Pepita Luján, Penélope Marías, y Maritza Rosales. El cuidado perfil dramático de estas mujeres formula tres de las grandes preocupaciones que vertebran esta trilogía y, en general, el teatro de su última etapa. Pepita Luján es la responsable de hacerle patente al público que estas obras son teatro y, por tanto, susceptibles de ser representadas en un escenario si no fuera por el letargo intelectual que aqueja a la sociedad española. Por medio de la ironía desmitificadora, Penélope Marías introducirá el tema del imperialismo cultural que ha ido difuminando —sobre todo a partir de la consolidación de la democracia— las señas de identidad de un país, España, cegado por el brillo imperecedero del consumismo. Maritza Rosales, en cambio, simbolizará el grito fallido de la liberación sexual; una liberación cautiva del cine pornográfico que se alimenta de la dignidad del ser humano para existir. Veamos más en detalle el estudio de cada uno de estos personajes.

Pepita Luján es la ayudante del comisario Isidro Rodes. La pareja de detectives habrá de resolver los tres misteriosos casos que le salen al paso en su azarosa existencia teatral. Pepita desempaña dos funciones esenciales en la trilogía: por un lado, su relación con Isidro encarna el necesario proceso de cicatrización que la sociedad española ha de llevar a cabo para cerrar las heridas de la guerra civil y su consiguiente posguerra; por otro lado, Pepita se convertirá en la auténtica conciencia dramática de esta trilogía que habrá de recordarle al público que lo que tiene entre manos es palabra teatral viva en busca de un escenario. Para Virtudes Serrano y Mariano de Paco en "La dramaturgia del doble: *Los crímenes extraños*" (1999), la pareja Isidro Rodes y Pepita Luján evoca otra muy conocida y de reconocido prestigio literario, ni más ni menos que a Don Quijote y Sancho Panza: "sus personajes protagonistas (amo-jefe y criado-subalterna) emprenden tres aventuras, tres salidas que terminarán con la muerte de un antihéroe-héroe irrisorio, tras haber recorrido en el proceso de su peripecia los dominios de la fantasía y la realidad entremezclada" (120).

Pero la misma relación entre subalterna y jefe es problemática. Isidro es un recalcitrante falangista que mantiene más vivo que nunca su ideario político en la España socialista de los años ochenta. Pepita es la hija de un mártir comunista, amigo íntimo de Isidro. No obstante, a pesar de sus diferencias ideológicas, mantienen una relación amistosa basada en el cariño y respeto mutuo. Sin embargo, esta relación sufrirá un pequeño incidente en la tercera entrega de la trilogía, motivo por el que Pepita sólo aparece en esta obra en el primer y en el último cuadro. El altercado tiene lugar al principio de *El asesinato de la luna llena*, cuando Pepita va a ver a su jefe a la Residencia El Arcángel y le recrimina su aspecto abandonado: "¿Cómo lleva usted eso? . . . El trapo ese. (*por la camisa azul*)" (53), Isidro le responde violentamente con un tortazo que hace sangrar a Pepita por la nariz: "¡Has insultado el símbolo de la Revolución Nacional!" (54). De esta manera queda justificada la ausencia de Pepita hasta el final de la obra. Pero además de la justificación a efectos dramáticos, cabría relacionar también este comportamiento de Isidro con las dudas que al propio autor le invaden acerca de la pareja protagonista: "Esta relación entre Isidro y Pepita —este tipo de comunicación— puede aparecer como un tratamiento frívolo de nuestra guerra civil" (*Crimen* 11). Se llega a plantear incluso si "¿es algo políticamente incorrecto?" (*Crimen* 11). Concluye, sin embargo, que en sus años de colaborador de la revista *La Hora*, del Sindicato Español Universitario, conoció "a gente que, con su camisa azul, era verdaderamente idealista y, además, se creía revolucionaria" (12). Estas palabras dotan a dicha relación de la verosimilitud histórica necesaria. La relación de Pepita e Isidro simbolizaría esa cicatriz tan necesaria de una herida —la de la guerra civil y la posterior dictadura franquista— que tiene que empezar a cerrarse ya, pero que sólo tendrá lugar cuando se acabe con el mito de esa idealizada transición democrática. Algunas de las libertades conseguidas en dicho proceso nublaron con el olvido la conciencia de la sociedad española a la hora de enjuiciar su historia más reciente. Pródiga en paradojas, la democracia amparó tanto la libertad de expresión como el silenciamiento hacia las víctimas del franquismo.

Sin embargo, el personaje de Pepita desempeña otro papel fundamental en esta trilogía: ella se erige en la auténtica conciencia dramática de este teatro, y sus intervenciones siempre acaban escapándose por la vía de la metaficción. Ella es quien le recuerda al comisario que están dentro de una obra policíaca y que deben atenerse a las convenciones del género, por ejemplo. En última instancia, Pepita es la encargada de advertirle al lector de que el libro que tiene entre sus manos es teatro "posible," es decir, representable. A través de la dimensión metaficcional que el personaje encarna en sus parlamentos se le hace reflexionar al lector sobre las posibilidades escénicas del mismo. Estas incursiones metaficcionales consolidan la queja que los diarios —los cuadernos de trabajo que preceden al texto dramático— habían expresado abiertamente y sin tapujos sobre las dificultades que el autor atraviesa para que sus obras cobren vida en un escenario. De este modo, los personajes recuerdan y enfatizan que ésta es una obra de teatro escrita con la finalidad de transcender el plano lineal de la lectura. Se entabla así un diálogo implícito con el lector al que se le insta a no olvidar su faceta de espectador:

> Isidro. —. . .Ya sé quién es el asesino. . . .
> Pepita. — ¿Y quién es?
> Isidro. — Si te lo digo se acaba la comedia.
> Pepita. — Ah, ya. Como siempre dice, somos los personajes de una comedia.
> Isidro. — ¿Y qué más vamos a ser?
> Pepita. — Me gustaría existir.
> Isidro. — Mujer, el existencialismo ya pasó. Es una filosofía obsoleta.
> Pepita. — Qué palabra tan fea.
> Isidro. — Díselo al autor. A mí, al decirla, también me ha parecido un poco cursi, pero yo soy un personaje muy legal.
> Pepita. — Esto lo van a cortar cuando la obra se represente.
> Isidro. — Milagro sería que no.
> Pepita. — Se sale del argumento.
> Isidro (asiente). — Es una digresión intelectual, y además los directores de hoy no tienen ningún respeto. . . .
> Isidro. — También los personajes se rebelan.
> Pepita (cultureta). — Ah, el Pirandello aquel. (¡Han matado 131–32)

No cabe duda de que el texto se localiza tanto en el ámbito de la parodia como en el terreno de lo lúdico; los textos de fondo son *Seis personajes en busca de autor* (1921) de Luigi Pirandello y, por supuesto, la nivola de Unamuno, *Niebla* (1914). Todos estos aspectos saltarán a un primer plano en la segunda entrega de la trilogía, *Crimen al otro lado del espejo*, en donde los personajes anticipan las indicaciones incluidas en el texto secundario, como así sucede al final del cuadro séptimo:[3]

Pepita (a Isidro). —Para final de cuadro esta frase suena a folletín, pero no está muy mal.

Isidro (aprobador). —Vale, sí, a falta de otra cosa mejor. . . . Puede hacerse el oscuro, a ser posible lentamente.

(*En efecto, el oscuro se va haciendo lentamente, y suena un poco de percusión, que ayude al pretendido suspense, y el motivo musical que se haya dado en las anteriores mutaciones y que se repetirá en las siguientes*). (Crimen 137)

Hasta tal punto se potencia la dimensión teatral del texto que los personajes llegan a arrebatar o suplantar la voz del sujeto enunciador del drama, lo que desembocaría, de acuerdo a Pérez Bowie, no sólo en "el debilitamiento de la función informativa" (306) del texto secundario a favor de la función narrativa, sino también en el afianzamiento de la dimensión metaficcional de los personajes. El permanente talante metateatral que desarrollan estas obras —"y su actitud rupturista respecto a la verosimilitud del universo ficcional" (Pérez Bowie 309)— pretende recordar al lector que el teatro, por encima de todo, necesita de la representación, de la vida que escenarios, actores, y público le proporcionan para respirar y estar vivo. Sin ellos, las obras de teatro son tan sólo palabras encerradas en la cárcel de un libro. Así pues, el personaje de Pepita encarna, a través de su constante preocupación por la posible representación de estas obras, uno de los problemas que articulan el pensamiento y la práctica teatral del propio Sastre.

Otro de estos problemas lo constituye la presencia asfixiante de un imperialismo cultural que anula las señas de identidad de la sociedad española contemporánea. Será Penélope Marías la que introduzca este tema por medio de la comicidad e ironía desmitificadora, que alcanzarán su punto culminante en la entrevista que mantiene con Isidro y Pepita en ¡Han matado a Prokopius!

Al parecer, en otro tiempo Penélope —amante de la víctima— fue modelo de *Playboy* y actriz de cine porno en Estados Unidos. Se la describe como "una mujer vieja y repintada, con aires de puta fané, descangayada y muy enferma. Es como una estampa insolente de la muerte" (137). A pesar de su edad y de estar casi moribunda por haber contraído el SIDA, sigue trabajando en el mismo género: "En fin, ella está en eso:

en la ola de pornografía que nos invade" (133–34). Isidro y Pepita van a
visitarla al cementerio de Bermeo, en donde se está rodando la escena
que protagoniza y que consiste en "hacer de puta vieja en el San Sebastián de la Belle Epoque. . . . La puta vieja de la Belle Epoque en el cementerio marino se hace una paja ante la tumba del marquesito de Valdepe-
ñas, y, a modo de homenaje de amor, deposita sus bragas sobre la tumba
en la que descansa su amor arrabatado por la muerte, ¿No les parece muy
poético?" (138). Según las advertencias de las acotaciones, la escena debe
estar envuelta en una atmósfera de misterio y suspense. Sin embargo, lo
que va a suceder más que provocar miedo, produce asco y tristeza. Todo
este cuadro (séptimo) consistirá, en realidad, en una inversión paródica
del teatro de terror y el cine pornográfico. El suspense desemboca aquí
en la presencia de un erotismo degradado del que la propia Penélope se
da cuenta al percibir el asco que su vejez y su decrepitud física provocan
en su pareja cinematográfica, el niño Boliche, cuando tiene que rodar
las escenas de cama con ella. La parodia servirá aquí para criticar algunas de las tendencias del cine moderno, pues, según sentencia Isidro,
"el cine actual está al servicio de las malas costumbres" (141). La presencia no siempre justificada del erotismo casi pornográfico en el cine
representaría los gustos del público que exige las incursiones de este
género en las películas que consume habitualmente. La crítica de Isidro
hacia esta tendencia del cine actual provoca otra acalorada discusión
sobre la cultura. Para Penélope, Isidro pertenece a la España profunda,
a esa de "las Hurdes, a Numancia, al general Moscardó y al crimen de
Cuenca" (141–42). El comisario, sin embargo, prefiere llamarla la España
metafísica (141), atribuyendo a Numancia un significado casi sagrado.
Cuando Penélope le increpa diciendo: "aquella gente zafia luchaba contra la cultura" (142), Isidro replica que Numancia "luchaba contra el latín
y el imperialismo" (142).

　　Todo este diálogo —en el contexto en el que se produce— provoca
una sorpresa en el lector-espectador, dado que no era predecible una
conversación tan elevada entre una vieja actriz porno y un detective al-
cohólico en franca decadencia. Sin embargo, desarrolla una función
primordial dentro del drama, puesto que el heroísmo del pueblo de Nu-

mancia evidencia su rebelión contra la cultura dominante, aspecto que la trilogía intenta desarrollar en su uso de la parodia. La cultura dominante, con su poder uniformador, aniquila la cultura de la diferencia. El paralelismo que deberá establecerse aquí, sin embargo, es el de Roma-Estados Unidos v. Numancia-España Espiritual. Para Sastre, el imperialismo cultural que la potencia americana ejerce en los hábitos consumistas de la sociedad española, gracias a la manipulación del entretenimiento y de las técnicas de evasión, deja poco espacio para otras expresiones culturales.

El último de los personajes femeninos a tratar en este estudio, Maritza Rosales, introduce una preocupación que Sastre ya venía desarrollando en breves artículos de periódicos y revistas desde hace algún tiempo: la disyunción que se produce en el cine pornográfico entre el individuo (su dignidad) y la sociedad (el interés de las masas y el beneficio económico). Según el dramaturgo,

> la idea de . . . la producción cinematográfica como una máquina devoradora de seres humanos merecería un gran tratamiento. En la cocina de este "arte" no se cuecen colores, tierras, aceites, como en la pintura, o piedras, maderas, hierros, como en la escultura, sino seres humanos, a los que a veces se somete a grandes tensiones, aliviadas en ocasiones por el empleo "subproletarial" de los dobles y los especialistas (los y las). (El asesinato 35)

El asesinato de la luna llena gira en torno al asesinato del esposo de la actriz principal, Maritza, una de las figuras principales del cine erótico. El asesinato reviste circunstancias muy extrañas, porque el cadáver presenta mordeduras en el pecho, y el presunto asesino se perfila como un licántropo en toda regla. El comisario Rodes, a petición de Maritza, intentará resolver en solitario este extraño caso. La obra dará ocasión, sin embargo, para presentar su consiguiente crítica a uno de los géneros más populares del cine, el pornográfico.

Aunque Maritza despierta la admiración de las mujeres que la rodean en la obra, no está contenta con la vida que lleva. Tanto la Teniente Rupérez —guardia civil que también investiga el caso— como Mira Landecho, jefa de producción de la película para la que Maritza está trabajando, admiran la belleza y la valentía de Maritza. Mira, incluso, llega a declararle su amor. Para la teniente, Maritza es un símbolo de la transición democrática y de la tan ansiada liberación sexual que habría de llegar con la muerte del dictador: "Es una pionera de las nuevas costumbres" (65). Maritza, en cambio, se ve a sí misma como un mero instrumento de los años del destape, término que ofende a la teniente: "pero no lo llame destape. . . . Es el desnudo . . . la belleza de su desnudo llegó a nuestro corazón, maltrecho por el franquismo. ¡Era un grito de libertad!" (65–66). La actriz, en cambio, no comparte el valor simbólico de sus desnudos cinematográficos —"mi culo no tiene tanta importancia" (66)— y como en otro momento le confiesa a Isidro: "Yo . . . yo soy una actriz fracasada por el éxito. . .Fui la protagonista del cine de la transición democrática. . . ¡La estrella del destape y de las secuencias 'tórridas'" (81).

Maritza había empezado su carrera como actriz de teatro, pero sus sueños se desvanecen por completo cuando se desvía por los caminos del cine comercial: "Abandoné mis sueños de teatro . . . tiré a la basura mi Stanislavsky . . . luego me contrató un productor de *free cinema* en Nueva York, que resultó ser un negocio pornográfico" (82). Después enfermó gravemente y fue así como conoció a su futuro esposo, el doctor Arsenio Bayo. El matrimonio vivirá "instantes de paraíso y largos días de infierno" (83). El alcohol transformaba al tierno y cariñoso Arsenio en un ser cruel y, sobre todo, tremendamente celoso. Aunque, como insinúa Isidro, bien pudo ser que la bebida fuera una consecuencia de los celos. El caso es que tanto Maritza como Arsenio comparten la lectura de un libro que determina sus relaciones y, en última instancia, va a ayudar al esclarecimiento del misterio que rodea al asesinato de la luna llena. Se trata, por supuesto, de *Dr. Jeckyll and Mr. Hyde.* Los celos convierten a Arsenio en un extraño, en un ser violento y detestable. La luna llena dota a Maritza de facultades licantrópicas, de las que ella ni siquiera está al corriente. Esta permanente dualidad en la que se ven inmersos Maritza y Arsenio es el resultado de una idea muy querida de Sastre, que ya adelantaba en la *tragedia compleja* y que consolidará posteriormente en sus *comedias complejas:* la predilección, a la hora de crear los personajes de sus obras, por seres humanos contradictorios, héroes cuyo destino fluctúa, sin posiblidad de resolución, entre el bien y el mal. Con ello el dramaturgo se hace eco de la estrecha y compleja relación entre el punto de vista y el personaje:

> Con relación a mi trilogía, esta noción del punto de vista se presenta con gran complejidad, lo mismo que en fábulas como la de Caín y Abel o la del Dr. Jeckyll y Mr. Hyde. Habrá que reivindicar en ellas los legítimos puntos de vista de Caín y de Mr. Hyde, los malos de la película. ¿Hemos de recordar que generalmente en las buenas narraciones no hay malos?. . .Pero prefiero moverme entre seres humanos contradictorios y no malísimos ni buenísimos. Es una opción personal, que en mi opinión me aproxima a los seres humanos, a sus realidades, a sus sufrimientos y esperanzas. (El *asesinato* 19)

El fragmento citado parece evocar aquella famosa frase que Miguel de Unamuno le escribía en una carta a Antonio Machado: "si Caín no mata a Abel habría muerto a manos de éste" (García Blanco 286). Tanto Maritza Rosales como su marido, Arsenio Bayo, son seres humanos capaces de las mayores grandezas heroicas y de las más miserables bajezas. La dualidad vertebra con tal intensidad la vida de Maritza que si sus *fans* la consideran un símbolo de la liberación sexual, ella se percibe, en cambio, como una víctima de los intereses económicos de gente sin escrúpulos como el director Casi Méndez. Precisamente a través de la entrevista de Isidro con este singular personaje se denunciarán los abusos producidos en el mundo del cine. La provocación por la provocación resulta supravalorada como forma artística que busca la mera trasgresión de la moral burguesa:

> Isidro. —Casi Méndez es un hombre muy conocido en el cine español. Yo tenía una idea de usted. . . . Un hombre fuerte y nada convencional, un . . . un transgresor de la moral burguesa, un gran maestro de las películas de culos, un ilustre blasfemo, que en una película le clavó una alcayata en un ojo a una imagen de la Pilarica y sacó a Jesucristo defecando sobre una puta del Barrio Chino de Barcelona.

Casi Méndez. — Ah, usted se refiere al *Jardín de los placers*. ¿Qué cree,
que me pasé un poco? ¡Había llegado la Democracia! ¡Había habido
demasiada represión!

Isidro. — . . . Luego vino la rebelión erótica.

Casi. — La rebelión total.

Isidro. — Entonces rodó algunos horrores en África, fusilamientos,
torturas, violaciones y sus películas dieron mucho dinero, ¡el excre-
mento del diablo! También hizo pornografía en Nueva York. (*Casi
hace un gesto*) Lo he leído en una enciclopedia. (112–13)

Del texto transcrito se infiere que el éxito comercial alcanza un alto pre-
cio cuando se pone en juego la dignidad humana. Lejos de secundar la
moda de la trasgresión por la trasgresión y el exceso por el exceso —tan
frecuentes en la cultura de la España democrática—, Sastre le atribuye,
en cambio, un carácter deshumanizador. Pero, como se advierte también
en el fragmento citado, estos nuevos artefactos culturales quedan legiti-
mados —y en ocasiones hasta sacralizados— por los mecanismos "ofi-
ciales" de la cultura alta (*high culture*): las enciclopedias que compendian
el saber universal los incluyen entre sus páginas. Por eso Isidro acusa a
este director —e implícitamente a otros como él— "de la ola de pornografía que nos invade" (114), increpación que aparecía también en ¡*Han
matado a Prokopius!* a propósito de Penélope Marías y sus películas. No
obstante, las palabras del comisario Rodes no deben interpretarse tan
sólo como una consecuencia de su ideología reaccionaria; constituyen,
más bien, una queja a la falta de imaginación que invade las prácticas
artísticas contemporáneas.

En resumen, *El asesinato de la luna llena* presenta con todo lujo de
detalles el mundo degradado de una de la muchas producciones cine-
matográficas de bajo presupuesto que se dedican a satisfacer al público
y a ganar una sustanciosa cantidad de dinero a costa de someter a los
actores al rodaje de escenas eróticas. Según el propio Sastre en las anota-
ciones del diario de trabajo, la obra giraría en torno a este tema: "También me gustaría que interesara el tema del rodaje del cine erótico desde
el punto de vista de la vocación artística de los actores y las actrices, y
también de su dignidad ética, que me parece con frecuencia desdeñada y

vulnerada. (*Tema sobre el que pesa un gran silencio...*)" (29). Al igual que en los dos episodios anteriores, el género de la novela policíaca servirá de envoltorio, para introducir uno de los problemas con el que ha de lidiar el dramaturgo a la hora de ubicar su producción teatral en los usos de la cultura contemporánea española.

Se podría concluir entonces que la actitud desencantada hacia las prácticas teatrales contemporáneas y hacia la cultura española en general ha determinado con marcada intensidad la dramaturgia más reciente de Sastre. Este aspecto ha provocado en el escritor la búsqueda de un nuevo género o forma dramática que problematice su relación con la cultura española contemporánea. A este espíritu —y a la pérdida de la ilusión trágica— responde la aparición de la *comedia compleja*, género al que pertenece *Los crímenes extraños*, y vehículo idóneo para expresar la naturaleza mestiza del mundo que nos rodea, un mundo en el que la inercia del consumismo dictamina la trayectoria cultural de una sociedad. Curiosamente, las dictaduras y los monopolios culturales tienen muchos disfraces, y de eso sabe bastante Sastre porque si durante los años de la posguerra tuvo que hacer frente a la dictadura franquista, ahora la dictadura de los intereses económicos también niega su teatro con el silencio y el olvido. La democracia española trajo una incompleta liberación, basada más en el exceso que en la calidad. En un breve período de tiempo, se pudo asistir a la invasión del erotismo que desbordó el cine y la televisión, luego llegaría la cultura de la provocación por la provocación y, ya, últimamente, el control lo ejercen los reality shows, que se han convertido en el opio del público. Bajo estas circunstancias, *Los crímenes extraños* se propone, a través del uso moderno de la parodia, mantener viva esa línea de continuidad con una tradición literaria al tiempo que diagnostica algunas de las enfermedades de nuestra cultura. Asimismo, el envoltorio del género policíaco permite endulzar, a través de la construcción de la intriga, la desesperanzada crítica cultural que se lleva a cabo en estas obras. Por todas estas razones, no resulta exagerado afirmar que *Los crímenes extraños* es la expresión más acabada del ejercicio de la libertad que ha caracterizado desde sus comienzos la dramaturgia de Alfonso Sastre y uno de los ejemplos más acertados de la poética del desencanto.

NOTAS

*Este trabajo forma parte del ensayo más extenso "*Los crímenes extraños: variaciones dramático-policíacas sobre el desencanto,*" que aparecerá en el libro-homenaje *Alfonso Sastre: el escritor y su obra*, ed. José-Ángel Ascunce (Hondarribia: Editorial Iru).

1. Conviene mencionar aquí que el concepto de "desencanto" desarrollado en este trabajo tiene su antecedente en la monografía de José Colmeiro, *Crónica del desencanto: la narrativa de Manuel Vázquez Montalbán* (1996). Salvando las distancias, se podría establecer un paralelismo entre lo que Colmeiro destaca como "claves narrativas" de la obra de Montalbán: "La clara conciencia en la narrativa montalbaniana de su propia literariedad se traduce en el constante uso de los procedimientos de la intertextualidad, el collage y la mezcla de géneros diversos y la autorreflexividad metaficcional. La conciencia de la permanente necesidad de búsqueda de salidas al escepticismo ante la literatura y a la insatisfacción ante la realidad resulta por su parte en una constante posición distanciada e irónica" (21), y los procedimientos utilizados por el propio Alfonso Sastre en su teatro más reciente.

2. Véase al respecto: Alfonso Sastre, "Unas conversaciones —¿memorables?— Sobre la ilusión trágica."

3. Por texto secundario se entiende aquí lo que José Antonio Pérez Bowie —siguiendo a Jean-Marie Thomasseau— define como "el texto impreso (en cursiva o en otro tipo de caracteres, que lo diferencien, siempre visualmente, de la otra parte de la obra) que envuelve al texto dialogado en el discurso de la obra teatral" (308).

OBRAS CITADAS

Colmeiro, José. *Crónica del desencanto. La narrativa de Manuel Vázquez Montalbán.* Coral Gables: North South Press–University of Miami, 1996.

García Blanco, Manuel. *En torno a Unamuno.* Madrid: Taurus, 1965.

Hutcheon, Linda. *A Theory of Parody: The Teachings of Twentieth-Century Art Forms.* Urbana: University of Illinois Press, 1985.

Pérez Bowie, José Antonio. "Dimensión ficcional y dimensión metaficcional del texto secundario. (Sobre el último teatro de Alfonso Sastre)." *Once ensayos en busca de un autor: Alfonso Sastre.* Ed. José Ángel Ascunce. Hondarribia: Argitaletxe, 1999. 305–39.

Sastre, Alfonso. *El asesinato de la luna llena.* Hondarribia: Argitaletxe, 1997.

———. "Unas conversaciones —¿memorables?— Sobre la ilusión trágica." *Primer Acto* 267 (Jan.–Feb. 1997): 7–10.

———. *Crimen al otro lado del espejo.* Hondarribia: Argitaletxe, 1997.

———. *¡Han matado a Prokopius!* Hondarribia: Argitaletxe, 1996.

Serrano, Virtudes y Mariano de Paco. "La dramaturgia del doble: *Los crímenes extraños.*" *Once ensayos en busca de un autor: Alfonso Sastre.* Ed. José Ángel Ascunce. Hondarribia: Argitaletxe, 1999. 111–26.

CHAPTER 9

Passionate Extremes

Revisions of Gender Types and Archetypes in the Films of Arturo Ripstein and Paz Alicia Garcíadiego

CARYN CONNELLY

The collaborations of scriptwriter Paz Alicia Garcíadiego and director Arturo Ripstein often revolve around different forms of familial and social conflict that are gendered. Whether it is the deconstruction of the macho or the debunking of the myth of the beneficent mother, gender is a significant component of their films. This is not surprising, as the same holds true for much of Mexican thought and cultural production post-Revolution and throughout the twentieth century. This is certainly the case with the family melodrama, a staple of film production in the Golden Age of Mexican cinema (1930s–1950s), an era that codified many of the narrative conventions and character types for subsequent decades of national film production. The following essay examines how Ripstein and Garcíadiego interpret the Mexican family and gender roles emanating from the family via the melodrama, as well as the implications for the representation of gender in film and society in Mexico. My analysis considers how the duo manipulate the accepted norms of melodrama in order to demonstrate a subversive reading of a genre that is deeply entrenched in the conservative and nationalistic ideology that has historically dominated Mexican cinema.

Ripstein and Garcíadiego's film project can be understood as both a dialogue with and a deconstruction of the major paradigms of classic Mexican melodrama. This particular characterization is quite direct in the films discussed here, which are both remakes of Golden Age film classics: Arcady Boytler's prostitute melodrama, La mujer del puerto (1933), adapted from a Guy de Maupassant story, and Roberto Gavaldón's rural ranchera melodrama, El gallo de oro (1964), which was based on a story developed for film by Juan Rulfo. An examination of their subversive redeployment of stock figures of the genre—the manly charro, the seductive club singer, the exploited prostitute, the self-sacrificing mother—illuminates the aesthetic and cultural dimensions of their engagement of the genre. On a psychosocial level, the films portray the violence of the current system of gender differences.

El imperio de la fortuna (1986) deconstructs stock figures in Mexican film and popular culture—the charro and the carpa singer—in the service of a critique of the Mexican cult of machismo. As part of this critique, the film also chronicles a woman's futile struggle to define her gender and sexual identity on her own terms, an impossible goal in the binary machista system that works to men's advantage. However, the film suggests that in a rigid system of gender constructs, all are losers. The woman's demise is also the man's: neither can succeed in such a system.

The film follows a classical three-act structure, with the first and second acts presenting a traditional oedipal narrative gone awry. The focus on a father-mother-son triangle obviates this interpretation. The film uses this scenario as a vehicle to investigate the "crisis of machismo," which has been a recurrent theme throughout Ripstein's career as a filmmaker.[1] Dionisio Pinzón, the male protagonist, is a town crier in a small rural town, and at the film's beginning he lives with his mother.[2] The arrival of the palenque into town—note the obvious symbolism of the cockfight as metaphor of masculinity—allows him to gain status in the local male power structure when he acquires a bird through the local gambling kingpin, Lorenzo Benavides. Although the bird is injured and half-dead, Dionisio manages to resuscitate it. Here, the bird as symbol of masculinity and virility can be reconsidered: this symbol is weak and damaged, much like the man who uses it to define his position in the local power structure. In the context of the oedipal narrative the film offers, this event—the acquisition of the bird and its subsequent revival—neatly coincides with the death of Dionisio's mother: he is now liberated from the presymbolic maternal realm and can freely enter into the patriarchal (symbolic) order.

Dionisio's budding relationship with Benavides, who will initially serve as his mentor at the palenque, casts the two men in the roles of son and father. Through his identification with the father and the usurping of the father's power (first his woman, the carpa singer La Caponera, and later his money and his ranch), Dionisio will acquire his masculine subjectivity. This occurs once he proves, with Benavides's guidance, his bird's prowess on the palenque circuit, a process that grants him access to the necessary elements of economic and social power. At this point, we can perceive a clear oedipal dimension to the narrative structure and content: the death of the mother permits the identification with the father figure, which in turn leads to his appropriation of the father's power, allowing him to take his position in the system. This happens once he initiates a sexual relationship with, and later marries, Benavides's ex-lover, La Caponera (notably, the successful culmination of the male's oedipal process is the point at which the narrative shifts to present a feminine oedipal scenario). According to plan, she replaces his mother as an acceptable love object. And so the story goes: Oedipus eliminates the father from the scene, claims his property, and unites with the replacement mother figure. The results can only be tragic.

Once Dionisio's strength and virility are demonstrated, he has proven himself as a man and can only become more powerful. The catch is, he must rely on a woman to complete the macho contract. Without her—the one who will validate his virility and (re)productive potential—he is nothing. Various signs have pointed to corrupt and damaging aspects of the macho power structure and its male subjects. One of these, already signaled, is the injured bird, the totem of masculinity that permits his initial entry into the system. That the injured and half-dead bird represents a stunted and flawed masculinity is only reinforced by the links between the animal and the two men most closely associated with it. Throughout the film Dionisio sports a bandaged hand, while Benavides has a bad leg and limps about with a cane or in a wheelchair. If we see the men's appendages as proxy phalluses, the connotations of their physical defects in relation to the crisis of machismo are only sharpened: the mask of the macho hides a weak and impotent inner self.

La Caponera, the woman who unites the two men, is a singer with a traveling band; like the bird that symbolizes their masculinity, she is a prop that superficially certifies they are "real men." She is a loose woman, overtly sexual and identified with the public sphere and her relationships to men. Indeed, she subverts dominant notions of what a loose woman is, in that there initially appear to be no negative consequences to the open expression of her desire and her sexuality. In fact, she often appears to have the upper hand in her relationships with men and seems to do what she wants without being ostracized or punished. Even the songs she performs project a "love 'em and leave 'em" attitude, or, at the very least, a distant attitude toward men, from the mariachi-style tune in which she howls to an ex-lover, "¡Ahí te mando tu triste retrato; ya no quiero acordarme de ti!" to the sexual freedom and autonomy conveyed in her theme song, "Las rosas de mis rosales" ("Las rosas de mis rosales, de los colores del mar / No las encuentre ninguno, no las van a destrozar"), and her cover of the standard, "Volare," in which she sings of singing sweetly and flying high.

For the men, virility and strength are the sources of their power; La Caponera's power stems from her open sexuality and feminine allure. This is metaphorically represented in her powers of *piedra imán*, or good-luck charm: any man she is attracted to has a change in his luck for the better. This apparently is what permitted Benavides's rise to the top; when she turns her attentions and desires to Dionisio, it is what causes Benavides to lose his power and Dionisio to gain it. Naturally, without a woman to confirm his manliness—*sus huevos*—Benavides cannot be a real man or have power over other machos. Sadly enough, La Caponera's status as piedra imán also connotes her immobility in the system of gender constructs and differences: once attached to a man, she loses her freedom—sexual and otherwise.

The problem for La Caponera is that she can only define herself as a woman through her relationships with weak men, the natural products of a corrupt and unjust system of gender inequality. This will eventually lead to her total erasure as a subject in the corrupt and hostile machista system. Her name itself suggests this fate. Derived from the word *capón*, a castrated male chicken or duck, it refers literally to a chicken coop or enclosure to fatten poultry, while figuratively (much more significant here), it can signify a jail. If she is a necessary element for the oedipal drama that will allow for Dionisio's acquisition of his male subjectivity and status in the patriarchal symbolic order, her name and the fate it evokes reinforce the debilitating limitations of the system of gender differences that this order imposes, particularly as it relates to the experience of women in the system.

La Caponera was the aggressor in her initial encounter with Dionisio, but once he possesses her sexually, she becomes "his woman," his immobile piedra imán, and their union produces a child. Circumstances lead Dionisio to play a last fateful game of cards with Benavides, a competition that directly signals the change from mentor to rival. Benavides will not stop playing until he has lost everything, thus demonstrating the macho imperative not to crack (from "no te rajes," a phrase popularized by Charles Ramírez Berg in reference to Ripstein's earlier investigation into the crisis of machismo in *Cadena perpetua*), that is, never to expose your weakness to others. After this, Dionisio literally replaces his father figure by taking possession of Benavides's last significant possession: the ranch. Dionisio's family moves in, and Dionisio proceeds to gamble himself to the top with the help of his piedra imán. However, since his power rests on the subjugation and imprisonment of La Caponera, her loss of freedom is also his, and the devastating consequences of her captivity will also lead to his demise. At the end of the film, she fades away in an alcoholic stupor and dies. Without her to help him, Dionisio loses everything. Repeating his "father's" mistakes, he plays until all his possessions are gone, and, in a state of despondency, he ends up committing suicide. But before this, and following his "successful" oedipalization, the film shifts in tone and emphasis to chronicle La Caponera's transformation from loose and free woman to inert wife and mother.

The last part of the film presents a woman-centered oedipal drama that narrates La Caponera's attempts to resist her captivity, the role of her daughter in these acts of resistance, and the mother's role in her daughter's gendering. Two central scenes in this part of the film are fantasy-escape sequences involving the mother and daughter. These scenes explicitly expose gender as a masquerade or performance.

The first sequence entails an escape into make-believe world. La Caponera is in her bedroom playing dress-up with her young daughter (who is at this point about eight years old) while she recounts a gynocentric fantasy of the "cueva mágica," a pleasurable feminine space, presymbolic and womblike (as she says, "la señora hada le había dicho que cantando así se iba a encontrar el secreto a la cueva mágica, ésa, ésa que estaba a la orilla del lago"), characterized by the absence of men. Here the expression of femininity is overtly tied to fairy tales and role-playing. Once she has her daughter dressed and made up, La Caponera encourages her to go and look in the mirror—that is, to derive pleasure from her feminine image. These preparations are a prelude to a duet performance of one of La Caponera's songs—the theme, "Las rosas de mis rosales"—in the patio. Moments later, Dionisio arrives to crudely interrupt the fantasy: he is losing at cards and demands the presence of his piedra imán.

The second fantasy-escape sequence is the real thing and involves a preadolescent, presexual daughter of about twelve or thirteen years old. The scene emphasizes violence over pleasure and proves that one cannot go back to a protected maternal realm. This time around, La Caponera is trying to escape the prison of her married life with Dionisio, using her daughter as the vehicle. Under cover of night, she runs off to find her old band and rejoin them. When they reject her, saying that she is too old, she offers her daughter in her place and dresses the girl up behind the cantina in the pouring rain. The daughter, who weeps bitter tears and stubbornly resists her mother's actions, cannot go through with the performance. Moments later, and much like their earlier "escape," Dionisio arrives in full macho masquerade—sunglasses at night and leather jacket, with the droll touch of the bum hand tucked into it—to bring them back home, but not without brutally putting La Caponera in her place. "Además de puta, pendeja. ¿Crees que la vida va pa'trás?" he sneers, a cruel comment that degrades his wife both sexually and intellectually.

Needless to say, La Caponera's coercive behavior with her daughter reveals her complicity with the system. She encourages the girl to wear make-up and pretty dresses, to have a sexy demeanor—in other words, to perform her gender according to the rules. The two foregoing scenes present the transformation of performance from an escapist fantasy representing freedom and a space outside the system to the replication of the system. One implies a return to the imaginary; the other recognizes the horrible reality of entry into the symbolic. The daughter's process of becoming a feminine gendered subject is forced, but it also occurs willingly. This change is seen after the second escape attempt, when she rejects her mother and begins having sexual relations with multiple men in the local community. At this point she becomes marked by the name of her father, "La Pinzona." Once her parents are dead, the girl takes on her mother's role as a public performer (much like her father, who was able to become a man once his own mother expired). Is she repeating her same mistakes? Perhaps not: the film closes with her performance of one of her mother's songs. The challenge and anger in her voice suggest another possibility: that she will resist captivity in the "prison-house" of gender constructs.

La mujer del puerto (1991) employs two longstanding generic paradigms of Mexican cinema: the prostitute and maternal melodramas. This film engages in a deliberate dialogue with these two subgenres, simultaneously repeating and subverting their established codes. The film consciously employs melodrama's exaggerations and overdeterminations in a complex and innovative manner, taking them to their limits in ways that simultaneously acknowledge and explode conventions of the genre. The Boytler version, a foundational text in the prostitute melodrama canon, derives from a de Maupassant story of a girl seduced and abandoned by a lover and subsequently forced into prostitution by her tainted reputation and her family's economic circumstances. In the Mexican version, she goes on to become a hot commodity at a brothel in the port city of Veracruz. A sailor comes into town and falls for her, which of course leads to sex, after which they begin to talk about their past lives in a conversation that unveils the horrible truth of their actions. They are, in fact, a long-lost brother and sister. The sister's moral horror of and repugnance to this discovery leads her to punish herself in the most extreme way possible: she commits suicide by jumping into the sea, thus reacting to the breaking of one taboo by breaking another. To the extent that they maintain the basic gist of the story of the incestuous brother and sister, the Ripstein-Garcíadiego version engages the generic category of the prostitute melodrama that the first version helped to establish. However, in contrast to the original, the mother plays a central role in the later film—a fact that also puts it in dialogue with the maternal melodrama and mother figure of classic Mexican cinema.

The narrative core of the Ripstein and Garcíadiego film is the sister's unsuccessful suicide attempt, and in this sense it picks up where the first one left off. However, this event is not at the beginning of the film, which instead opens with the brother's return to port. Because the film continues the story after the suicide—and, more significantly, because the suicide is not successful—it is more than simply a remake of the original. Nonetheless, the centrality of the suicidal act suggests that on some level, this is still the prostitute's story; she is apparently the title's *mujer del puerto*. But the Ripstein-Garcíadiego version also tells the story in a prismatic fashion. They present multiple viewpoints of the incest and attempted suicide through three family members: the brother, the sister, and finally their mother. These overlapping versions are separated by simple intertitles of the names of the characters whose perspective is being portrayed.

The inclusion of the mother is one of the most significant deviations from the original, and her sequence of appearances punctuates the film. The Garcíadiego script locates the suicide at the center of the narrative's cavalcade of sin (which includes an abortion as well as incest). It functions as a critical turning point in the development of the story, provoking two extreme events that hinge not on the prostitute figure/daughter, but on the mother. First, after the brother has returned to sea because

he is horrified and repulsed by his immoral act and after the sister's attempted suicide, the mother aborts the baby conceived by her children.
Then, reacting to her daughter's despondency in the wake of these traumatic events, she summons her son back so that her daughter will not
suffer. In contrast to the first film, these events lead not to a tragic out-
come with moralistic overtones, but to an apparently happy and decidedly immoral one: at the end of the film, the brother and sister end up
together with the mother's blessing and approval. In all of these situa-
tions, the mother plays a key role: she causes extreme suffering but she
also offers forgiveness and redemption. In fact, by the end of the film it
is revealed that many of the central—and extremely sinful—events of the
narrative are instigated by the mother. As Paulo Antonio Paranaguá observes, she is a classic example of melodrama's deus ex machina (258).

In this film, three central figures of Mexican melodramatic expression—the mother, the prostitute, the patriarch—are present and functioning in the film but also undergo radical reformulations. First, there
are various versions of antipatriarchs. One is the biological father of the
children, who sexually abused Perla (the prostitute daughter) when she
was a toddler and as a result fell victim to a parricide at the hands of the
brother, Marro. Although the act was suggested and fiercely encouraged
by his mother, this murder is what provoked Marro's departure from the
family. There is also "God the Father," represented by the detached and
condescending priest who responds to the plea of the prostitute mother,
Tomasa, to baptize young Perla prior to the scenes involving the incest
and the father's murder. Then there is El Eneas, the slimy *padrote* who
runs the brothel where Perla—offered into prostitution by her mother
as a means of economic survival—now turns tricks. Carmelo is the impotent ex-lover of the mother and the piano player at the brothel; he is
also the only father figure Perla has ever known. With him she concocts
the fantasy of the ideal brothel where they really do all end up—thanks
to mom—at the film's end. And finally there is Marro, the incestuous
son-brother-father figure.

The prostitute is another classical figure incorporated into this film.
In contrast to her professional status, Perla's name evokes what is pure

and rare. Correspondingly, throughout the film she maintains her belief in true love and is unrepentant for her sins. She does not attempt suicide because she has committed incest but rather because she is heartbroken that her only true love, her brother, has abandoned her. Paradoxically (the paradox suggested by her very name), she is the whore who is also a virgin, since she only performs oral sex with her customers and does not allow them to penetrate her. When she does lose her virginity, it is through having sex with her brother. This act results in her first (aborted) and subsequent (successful) pregnancies. Thus the prostitute, like her mother before her, is also a mother.

The mother's character engages two of the major mother archetypes found in classical Mexican cinema and, by extension, cultural mythology. Based on her role in the parricide, her daughter's entry into prostitution, and the abortion of her children's incestuous child, she can be categorized as a destructive mother, one of the various maternal archetypes of Mexican culture with antecedents in the mythical figures of Coatlichue and La Llorona. For Perla, the abortion—done against her will—is the culmination of her victimization by her mother and the ultimate moment of conflict and violence between them. However, in the mother's segment, the immorality and violence she perpetuates is based on her excessive (twisted, one might say) drive to protect her children at any cost. In this sense, she is also the suffering mother whose crimes are somehow justified by her endless suffering and extreme sacrifices. This is further confirmed by her role as agent of forgiveness and redemption in the resolution of the narrative.

Needless to say, the film's subversive portrayal of the mother's suffering undermines the implicit virtue and beneficence of the suffering mother type. In fact, her character often collapses the suffering mother with the destructive mother. An example of this confluence occurs in a scene that takes place during her sequence in which she has a violent confrontation with Marro after he realizes (before his sister) that he and Perla are siblings and have therefore broken the incest taboo. This provokes him to confront his mother as to why she failed to stop things before they went as far as they did and ferociously to assert his indifference to the taboo. He punctuates his attack by pushing her to the ground. Once he leaves, she expresses the depths of her suffering with words of raw hatred toward her children: "Como si no fueran de mi sangre. Qué gusto me va a dar que los agarre la vida. Pinches hijos, no más nacen para que uno los odie." Certainly she suffers, but the sympathy that her suffering evokes is countered by the intensity of her loathing.

The key role of the mother in the narrative clearly establishes the film as a recreation and a rewriting of the mother figure and maternal melodrama of Golden Age cinema. Here it is useful to reference Julianne Burton-Carvajal's analysis of Mexican melodramas, in which she asserts that most classic melodramas, including those that seem to privilege the maternal perspective or the figure of the mother, in reality reassert the Law of the (even absent) Father. She establishes two important generic categories: the subgenre of paternal melodrama and the metagenre of patriarchal melodrama. It is relevant here that she affirms the patriarchal strain in the two specific (sub)genres that nourish Ripstein and Garcíadiego's *La mujer del puerto*, "[n]uestra hipótesis postula que el melodrama patriarcal es el (meta)género ab-original, en cierto sentido el principio generador tanto como el reverso y complemento de los muchos más (re)conocidos melodramas maternales y melodramas de la prostitución" (53).

If we acknowledge the patriarchal undercurrent of these two subcategories of melodrama (which are two sides of the same coin, much like the virgin/whore binary on which they are based) and the fact that Ripstein and Garcíadiego engage in a highly conscious dialogue with them, we can come to the conclusion that their revision might also invert the structure and content of the paternal/patriarchal melodrama. By the end of the film this is precisely what happens: the maternal/matriarchal (the Law of the Mother) replaces the patriarchal order. The mother ultimately protects her children against the damaging effects of transgressing the boundaries of kinship. Although she first tries to separate them, she later works not only to get them together, but also to keep them together. These actions represent a transgression and rejection of the patriarchal symbolic order and a figurative return to the imaginary, pre-oedipal space of unity with the mother. Amazingly, they lead to a bizarre and seemingly impossible happy ending—thanks to the mother. The typically melodramatic resolution of a "love that conquers all" ("*O amor tudo pode*," one of the myths of classical Latin American melodrama identified by Silvia Oroz) finds the lovers together in the crude and carnavalesque space of the ideal brothel made real. There, all of these immoral social rejects are united. Perla and Marro's mongoloid toddler waddles about as Carmelo plays the piano; Marro assumes El Eneas's place as the pimp/padrote; a pregnant Perla, her huge belly sticking out, performs fellatio; and a proud and satisfied Tomasa, actually vampish in her appearance, languidly smokes a cigarette as she surveys the scene with a look of true contentment.[3]

NOTES

1. Here I refer to his debut, *Tiempo de morir* (1965), as well as later and more well-known works, *El castillo de la pureza* (1972), *El lugar sin límites* (1977), and *Cadena perpetua* (1978).

2. The symbolism of his name deliberately links his character and story to Greek tragedy, oedipal or otherwise. In the Greek pantheon, Dionysus was a god with multiple functions who presided over wine and intoxication, death and rebirth, excess and secret rites (www .cnr.edu/home/bmcmanus/tragedy_dion.html; last accessed May 2, 2005). Dionysus also bears a specific relation to drama, in particular tragic drama, making all the more apparent the conscious—yet culturally contextualized—dialogue with Greek tragedy enacted by both Rulfo and Garcíadiego.

3. Paranaguá recognizes this final image as a rather obvious nod to the original *mujer del puerto*, Andrea Palma, commenting how "la primera aparición y la imagen final de la madre son las que se superponen a la iconografía clásica de Andrea Palma, son las que proponen una mirada distinta del arquetipo fílmico" (205–6). This deliberate visual reference to the earlier film confirms Tomasa's status as the film's title figure, while the conscious reference to this canonical proto-prostitute also manages to tear apart all that is sacred about the mothers of Mexican melodrama. Moreover, unlike the case of *Imperio*, the mother who tries to take power over her own life and her children's lives is not punished, but instead succeeds in expelling the father and taking his place.

WORKS CITED

Burton-Carvajal, Julianne. "La ley del más padre: melodrama paternal, melodrama patriarcal, y la especificidad del ejemplo mexicano." In "El melodrama mexicano." *Archivos de la Filmoteca: revista de estudios históricos sobre la imágen*, 2ª época 16 (1994): 51–63.

Oroz, Silvia. *Melodrama: O cinema de lágrimas da América Latina*. Rio de Janeiro: Rio Fundo Editora, 1992.

Paranaguá, Paulo Antonio. *Arturo Ripstein: la espiral de la identidad*. Madrid: Cátedra, 1997.

Ramírez Berg, Charles. "Cracks in the Macho Monolith: Machismo, Man, and Mexico in Recent Mexican Cinema." *New Orleans Review* 16.1 (1989): 67–74.

Ripstein, Arturo. *El imperio de la fortuna*. Perf. Ernesto Gómez Cruz, Blanca Guerra, Alejandro Parodi, Zaide Silvia Gutierrez. IMCINE, 1985.

———. *La mujer del puerto*. Perf. Patricia Reyes Spíndola, Alejandro Parodi, Evangelina Sosa, Damián Alcázar, Ernesto Yáñez. Dos Producciones and Chariot 7 Productions, 1991.

CHAPTER 10

Remakes

Midcentury Spanish Women Poets and the Gendering of Film Imagery

SHARON KEEFE UGALDE

The presence of film imagery in Spanish poetry is well documented in Jose María Conget's recent anthology, *Viento de cine: El cine en la poesía española de expresión castellana (1990–1999)*. According to Conget, the Vanguard poets of the early twentieth century frequently alluded to cinema. The abundance of such references waned during the Civil War, and, although never totally absent, film imagery did not regain its popularity until the late 1960s. The renewed interest was consolidated with the publication of José María Castellet's *Nueve novísimos poetas españoles* in 1970. Film continues to be a rich source of cultural and emotional imagery for poets of Spain and, in that context, a formidable contender to classical mythology.

My focus is on the gendering of cinema referents in texts written by women. Although female poets of the Generation of 1927 did write poems with allusions to film, they did not highlight gender. For example, "Oda al gato Félix" by Carmen Conde (b. 1907) is a whimsical homage that re-creates the cat in an ecphrastic manner, and her "El cine en la playa" (in *Júbilos*) recaptures the excitement and happiness of a childhood memory. Similarly, Concha Méndez (b. 1898) in "Cinelandesco" re-creates the memory of sounds and sights of an evening at the cinema, enveloping the scene in a provocative aura of claroscuro. After waning in the early postwar years, film imagery was reclaimed by midcentury women poets, especially in their later publications, and was utilized to deconstruct and replot gender. Poets of the 1970s expand the expressive power of cinema allusions, and turn-of-the-millennium authors, in even greater numbers, continue the tendency.

The female predecessors of today's film-buff poets—those whose works contain notable allusions to the cinema—are to be found among the authors of the generations of the 1950s and 1970s, those born between 1924 and 1953. Elvira Lacaci's (b. 1928) "Cine de barrio," in *Humana voz*, stands out as an early example. The lyric subject expresses a state of dire alienation, which is only intensified when she finds herself surrounded by a happy, illusion-filled film audience. The text is closely aligned with the poetry of another midcentury author, Julia Uceda (b. 1925). A feminist reading of Uceda's *Extraña juventud* reveals that, as in Lacaci's "Cine del barrio," its portrayal of a state of alienation, a feeling of being a complete stranger in one's own surroundings, has as much to do with the restraints placed on women's behavior as with early postwar national politics. Other poems that interweave gender and film imagery include "Ava Gardner en Marylebone" by Ana María Navales (b. 1939), "Del mito Casablanca" (in *Perfecto amor*) by Rosa Díaz (b. 1946), which humorously foregrounds female desire by insinuating that Ingrid Bergman made a big mistake by leaving Bogart behind, and another poem by Díaz, "A Margarita Casino" (in *Perfecto amor*), which affirms women's autonomous self-worth. Aurora Luque (b. 1962) frequently turns to film imagery to enhance her poetic discourse, which at times intersects with gender concerns—for example, in "Kolymbosai o las nadadoras" (in *Carpe noctem*), in which a reference to Greta Garbo genders the poet's meditation on the creative process. There are abundant examples of texts by women poets in the last two decades of the twentieth century, but in this study I will consider only midcentury poets, many of whom have suffered from critical neglect. My choice of texts for close analysis was dictated by the discovery of two poems that utilize a remarkably similar remake strategy: Pino Betancort's (b. 1928) "Balada a Norma Jean" (in *Las playas vacías*) and María Beneyto's (b. 1925) "Greta I de Suecia" (in *Archipiélago*).

The theory of the remake, rooted in formulations of intertextuality such as those proposed by Frank Kermode in *The Classic* and Gerard

Genette in *Palimpsestes*, is a fruitful complement to feminist revisionism in the analysis of the textual strategy utilized by Betancort and Beneyto. Feminist literary critics (including Hélène Cixous, Claudine Hermann, and Alicia Ostriker) recognize that rather than sacrificing the poetic wealth and public authority of established mythical, religious, and literary images of women in a utopian quest for a purely "female" language, women writers undertake the feminization of the existing figures, stealing their expressiveness and artfully transforming their maleness. This process has much in common with the remake, which in all its variations must take into account an original, be it a literary source, an earlier film version, or both. Thomas Leitch identifies four types of remakes: *readaptation, update, homage,* and *true remake.* The goal of the readaptation of a well-known literary work, "whose earlier cinematic adaptations the remake ignores or treats as inconsequential," is fidelity (Leitch 45). If, with respect to the poems, women before objectification and subjugation in patriarchy constitute the classic text, then the film readaptation and the poetic texts share the desire of faithfully recapturing the original. But the appropriateness of this model falters with respect to ignoring previous adaptations—the patriarchal treatment of the classic text—because it is exactly those adaptations that the poets wish to address.

From among Leitch's categories of the remake, the update has the most relevance for understanding the gendered use of film imagery in Betancort and Beneyto's poems. Updates do not strive for fidelity to the original text, but approach the classic with the intent of contemporary relevance. Leitch describes updates as characterized by "their overtly revisionary stance toward an original text they treat as classic, even though they transform it in some obvious way, usually by transposing it to a new setting, inverting its system of values, or adopting standards of realism that implicitly criticize the original as dated, outmoded, or irrelevant," adding that "updates in general are not content to occupy a subordinate position to the literary classics they adapt but compete directly with those classics by accommodating them to what are assumed to be the audience's changed desires" (47). In our application of the remake model to gendered film imagery in poetry, the classic is the patriarchal construct of woman, and the update a struggle for gender configurations that afford women positions of subjectivity. Teresa de Lauretis's distinction between Woman and women helps identify the nature of the original on which the poets base their remakes. Woman refers to "the other-from-man (nature and Mother, site of sexuality and masculine desire, sign and object of men's social exchange)" and women to real historical beings (5). It is precisely the lack of coincidence between women as historical subjects and Woman as product of the hegemonic discourses of film that the poets address. By exposing the paradoxical relationship of Woman (the original) to women (the remake), gender comes under scrutiny.

"Balada a Norma Jean"

Pino Betancort published her first book of poetry, *Manantial de silencio*, in 1951. "Balada a Norma Jean" appears in her seventh collection, *Las playas vacías* (1991).[1] The reference to "balada" in the title immediately puts the reader on alert to anticipate a highly dramatic, probably tragic, episode. Echoes of a musical folk tradition and the frequent use of repetition might also be anticipated. Betancort does not disappoint:

BALADA A NORMA JEAN

Rubia como la luz te descubrimos
un día, Norma Jean, y eras la luz.
Cuerpo desnudo en la más pura desnudez.
Los ojos azules, tan azules, de niña abandonada.

Pobre, pequeña Norma, tan sencilla,
como una rebanada de pan recién cocido,
como un vaso de leche dulce y tibia,
con tu risa de flor y limonada.

Creciste pobre y bella, e ignorante.
Para nuestro recreo y para tu desgracia.
Te desnudaron aún más, hasta la última
piel, sinceramente tuya, pura y cálida.

Te pusieron un nombre nuevo, una nueva risa,
diferente a la tuya, limpia y clara.
En tus suaves labios, pintados de granate,
la voz sonaba falsa.

Te cubrieron de pieles, de ceñidos vestidos,
Chanel n° 5, satén y muselinas.
Visiones y ambiciones de pequeña estarlet.
Pobre, pequeña, dulce Norma Jean,
detrás de toda aquella mentira luminosa
te estaban enterrando.

Nosotros te mirábamos en la pantalla grande.
Hermosa, tan hermosa, como una rosa extraña.
Reías y cantabas y movías el cuerpo
como te habían dicho que lo hicieras.

Mas todo era un engaño.
Tú eras más verdadera en tu belleza
con tu rostro desnudo de maquillaje y sombras,
con tu cuerpo de niña que creció demasiado.

Te descubrimos tarde, ay, demasiado tarde.
(Sólo el cabello rubio, bajo la tela blanca),
y ese día estremecidos y sin voz lloramos,
oh dulce Norma Jean, y rogamos por ti. (25–26)

Marilyn Monroe's suicide fulfills genre expectations of a dramatic
tale, and the poem's musicality effectively conveys the tragedy at an affective level. Several formal elements that reflect the imprecision of an oral
tradition contribute to the sonority: the rhythm of a mixture of seven-,
eleven-, and fourteen-syllable verse; an approximate assonance; interior
rhyme (for example, the vowel "u" in lines 1, 3, and 4), parallelism (l. 6
and 7), anaphora (l. 29 and 39), and polysyndeton (l. 25); and interior
repetition (l. 4, 13, 24). The repetition of variations of "Pobre, pequeña,
dulce Norma Jean" enhances the rich musicality of the poem. Also in
harmony with ballad prescriptions are an intimate, colloquial tone, in-

cluding the utilization of the second person familiar *tú*, the avoidance of highbrow allusions, and similes from everyday life, such as the food comparisons in the second stanza. The same is true of the empathy created with the vocative "Norma Jean" and the condensed portrayal of the action, which is synthesized in five verbs in the preterit tense.

Genre is key to the expression of the affective content of the poem, but it is the contrast between Marilyn Monroe and Norma Jean that is essential to the communication of the poem's conceptual significance. Norma Jean is portrayed as a real, genuine person; in Lauretis's classification she belongs to the category of women. The legitimacy of her original state, unblemished by gender hierarchy, is formulated in hyperbolic images of purity ("pura desnudez"), light ("eras la luz"), and innocence ("niña abandonada"). But as the story unfolds, it becomes clear that the dominant culture—powerful Hollywood executives—stripped Norma Jean of her inner warmth, leading her to experience the violent destruction of her selfhood: "Te desnudaron aún más, hasta la última / piel, sinceramente tuya, pura y cálida" (l. 11–12). Female objectification is foregrounded when Norma Jean is reduced to an indirect object pronoun: "Te pusieron," "Te cubrieron" (l. 13, 17). As an object Norma Jean is nonexistent, only a fiction with a new name. She has lost power over her body, which is symbolized by the manipulation of her clothing ("ceñidos vestidos" l. 17), make-up ("Suaves labios, pintados de granate" l. 15), and movements ("Reías y cantabas y movías el cuerpo / como te habían dicho que lo hicieras" l. 25–26). The denouement of the tale takes place in stanza 7, when falsity and deception are explicitly named: "Mas todo era un engaño" (l. 27). The final stanza is a chilling conclusion. With a minimum of details—"(Sólo el cabello rubio, bajo la tela blanca)"—Norma Jean's dead body is made present; the ritual funeral phrase, "rogamos por ti," intensifies the reality of her death. Recognition of the tragic consequences of the denial of subjectivity has come late.

"Greta I de Suecia"

To date María Beneyto has published twenty-one books of poetry and four anthologies; the first appeared in 1947 and the most recent in the year 2000.[2] Like Betancort's text, Beneyto's "Greta I de Suecia" can be read as an update remake. The basic textual design of the two poems is very similar. A classic cinema intertext, Marilyn Monroe in one case and Greta Garbo in the other, is revised by introducing historical and psychological realism into the roles of the new protagonists, Norma Jean and Greta Gustafson, respectively. The update criticizes patriarchal values as destructive and, in the case of Beneyto's poem, projects their future vulnerability because of independent and determined women like Greta. The two poems, however, do significantly differ in their focus. Betancort concentrates on the portrayal of a simplified version of the process of the objectification, while Beneyto offers a penetrating psychological glimpse of how women struggle to overcome the pressure to succumb to nonexistence as subjects. We might succinctly state the difference by saying that Norma Jean is a victim and Greta Gustafson the queen of survival:

GRETA I DE SUECIA
A Rosa Mª Rodríguez Magda

Se llamaba—yo creo que se ha muerto
y lo que a veces surge es su cadáver—
Greta Garbo o Gustafson, una sombra,
una mujer que siempre regresaba
de mundos golpeados, derruidos,
y se acostaba, leve, en el silencio,
larga, flotante Ofelia de las nievas.
Era la niebla de una isla nórdica
poblada por abetos y abedules.
Una santa Lucía sin corona
de resplandor, sonámbula y felina,
que siempre parecía estar sacando
su mirada del agua. Mujer presa
de la fatalidad y la amenaza,
tenía horror al viento, miedo al día
y se huía a sí misma, distanciándose
como si al verse no se conociera.
Bebía siempre luz glacial. Llevaba

la luz por dentro, en lugar de sangre
y goteaba luz cuando lloraba.
Sin embargo, más que estrella era luna
sola y feliz, en soledad creciendo,
satélite que roba claridades
para vivir en claridad perfecta.

Era además, la extraña criatura
de la lluvia, el ser febril y altivo
tormentoso y feroz de la tragedia,
el gesto femenino despertándose
en un tiempo de bruma y desconcierto,
después de haber dormido sueños hondos
sin más amanecer que la esperanza.
Era el amor, pero otro amor, traía
con carne estremecida y beso fiero
la pasión, no encubierta, de la hembra
que no se deja poseer, posee. . .
Ignoro si era actriz, pero tenía
de todas las mujeres que se fueron
y anticipó el futuro como suyo.
Ella se reinventó, con la energía
de esgrimir su elección y su derecho
a esa absoluta soledad, tremenda,
de los seres nacidos islas libres
y se fue, se perdió bajo la lluvia
de donde nos llegó a través del agua.

(Una anciana sarcástica, pasea
soledades vestidas con su nombre.
No nos recuerda ya. Ni se recuerda.) (29–30)

In Beneyto's poem, the steady cadence of the hendecasyllabic lines mirrors Greta Gustafson's unrelenting determination to construct her own subjectivity. The narrative of "Greta I de Suecia," more fragmented and submerged than Betancort's ballad, tells the story of a woman who refuses to accept the ruinous state of society ("mundos golpeados, derruidos," l. 5) and the cultural values that leave her with only a shadow of herself ("una sombra," l. 3) or worse, a cold state of nothingness ("flotante Ofelia de las nieves," l. 6). From her debut in Hamlet, Ophelia has been portrayed by the dominant tradition as a fragile, passive woman, gone mad and drowned by the tragic events that surround her and over which she has no control. Her presence introduces gender into Beneyto's poems by implying a cause-and-effect relationship between Greta's crisis and patriarchy. The association is expressed more explicitly in lines 13–17, when the protagonist is described as a woman imprisoned, "mujer presa," who is terrified of the wind. The reference to wind, recalling the lustful pagan "man-wind" of Federico García Lorca's "Preciosa y el aire" (in Romancero gitano) and a folklore tradition that casts the wind in the role of violator of women, emphasizes the urgency of addressing the imbalances of power solidified in male-female gender configurations. Plunged into a cold, oneiric state of mind, Greta struggles to resist "la fatalidad y la amenaza" (l. 14) and thaw her frozen inner light, "la luz por dentro" (l. 19). The symbolic significance of luz expressed in lines 18–24 is complex. The traditional connotation of knowledge is combined with the concept of space, claridad, conveying the need for a place of solitude to rediscover and cultivate self-knowledge. The moon metaphor ("era luna / sola y feliz") opens the text to mythic formulations of the feminine, suggesting a primordial matriarchal force or semiotic space. This is the smothered, cold, inner light that must be rekindled "para vivir en claridad perfecta" (l. 24).

In this segment of the poem, the protagonist remains in a realm of uncertainty and confusion, "en un tiempo de bruma y desconcierto" (l. 29), but nonetheless senses that she is on the brink of a revelation. Once again, the nascent discovery is related to female experience: "el gesto femenino despertándose" (l. 28). With the acceptance of unfettered sexual passion—"La pasión, no encubierta, de la hembra" (l. 34)—the protagonist triumphs in the quest for self-knowledge: "Ella se reinventó, con la energía / de esgrimir su elección y su derecho a esa absoluta soledad" (l. 39–41). The role of sexual passion in the process of self-inscription in Beneyto's poem mirrors Cixous's theoretical formulations. The French critic affirms that the recovery of the energy and sexual *jouissance* of the female body is necessary to enable women to deconstruct the patriarchal symbolic and create their own discursive space.

Genre was identified as the textual matrix in "Balada a Norma Jean"; in Beneyto's poem, symbolism fills that role. I have already noted the significance of the moon and the wind, but the most essential symbol in the poem is water. It is a female realm which is both a place of origin and a desired vital space. Greta Gustafson is portrayed not only with a "mirada del agua" (l. 13), but as emerging from and returning to the liquid element: "y se fue, se perdió bajo la lluvia / de donde nos llegó a través del agua" (l. 43–44). The emotional, sensual, and conceptual significance of the poem is condensed in symbolic significance of *agua* and its variants *(lluvia, flotante, mirada del agua, goteaba)*. The poet links the element to the semiotic realm, described by Luce Irigaray as a prelinguistic, disorganized flow of movements, gestures, sounds, and rhythms. This pre-oedipal stage, although not exclusively feminine, has its origins in the Mother. Because of the prolonged mother-daughter relationship during the process of individuation, the semiotic leaves imprints of fluidity on the subjectivity of women, which is characterized by relationships of equivalency and fusion rather than differentiation (Chodorow 166). If, as some theorists propose, women are at home in the semiotic order, then Greta's strangeness as "extraña criatura" (l. 25) can be read as a trope for women's collective sense of exile in patriarchal culture. The need to break away in order to reinvent one's self is emphasized in the final lines with the phrases *tremenda soledad* and *islas libres*. The poem envisions a future moment, which Greta's journey of self-discovery foresees, when culture will accommodate the designs of the semiotic: "pero tenía / de todas las mujeres que se fueron / y anticipó el futuro como suyo" (l. 36–38).

Beneyto complicates the update by including elements from another category of the remake, the true remake, which, according to Leitch, "combines a focus on a cinematic original with an accommodating stance which seeks to make the original relevant by updating it" (49). The aspect of the original that attracts Beneyto is the alluring, sensual, distant nature of Garbo's screen personality. The accommodation of this element in the remake is underscored when the protagonist is referred to as "Greta Garbo o Gustafson," which fuses the classic and the remake. In Betancort's poem the division is unequivocal: the classic "Marilyn Monroe," unnamed in the poem to emphasize her nonexistence as a subject, and the historical Norma Jean. Beneyto's accommodating nod to Garbo's aloof independence blurs the division between the original and the remake. The ambiguity mirrors the psychological state of uncertainty in which the protagonist is caught and also emphasizes the difficulty women have in fully separating themselves from classic roles. More importantly, embedding elements of the original into the remake confirms in a retroactive reading a focus on the relationship between fiction and reality, which is playfully alluded to the opening and closing lines of the poem. In an aside, the lyric narrator wryly confesses directly to the reader, "—yo creo que se ha muerto / y lo que a veces surge es su cadáver—" (l. 1–2). The parenthetical ending has the same pretense of commenting on the veracity of the narrative: "(Una anciana sarcástica, pasea / soledades vestidas con su nombre)" (l. 45–46). These statements introduce another level of textuality into Beneyto's remake: the historical Greta Gustafson's own remake of herself. In this sense, the structure of the poem resembles the triangular form of a true remake: the classic (Garbo on screen), an early adaptation (Gustafson's remake of herself), and Beneyto's remake of both. The aside and the parenthetical comment, which together frame the central narrative, also invite the reader to participate in a game of intersecting planes of reality and fiction.

Conclusions

"La balada a Norma Jean" can be read as an update remake of a classic: the screen text of Marilyn Monroe, a story of glamour, riches, fame, and happiness. Pino Betancort's update, the poetic discourse of which is rooted in the genre prescriptions of the ballad, is overtly reversionary. By adopting a stance of realism that exposes the actual, historical ending of the classic—Norma Jean's objectification and suicide—the poet voices strong criticism of obsolete patriarchal values. The blueprint of an update remake is also visible in María Beneyto's neosymbolist poem

"Greta I de Suecia." A classic, Greta Garbo, is revised into a woman experiencing a crisis of subjectivity, and in the process patriarchal gender configurations are subverted. But Beneyto's textual design is more complex. Patterns which resemble those of a true remake multiply the text's conceptual significance by highlighting the puzzling relationship between fiction and reality, a focus which in turn doubles back on gender: the perplexing relationship of Woman as discourse to women in reality.

NOTES

1. Born in Valencia in 1925, María Beneyto spent her childhood in Madrid and since 1936 has resided in Valencia. She has published both in Spanish and *valenciano*, including the following books of poetry: *Canción olvidada* (Valencia: Gráficas Soler, 1947); *Eva en el tiempo* (Valencia: El sobre literario, 1952); *Criatura múltiple* (Valencia: Alfonso el Magnánimo, 1954); *Poemas de la ciudad* (Barcelona: J. Horta, 1956); *Tierra viva* (Madrid: Rialp, 1956); *Vida anterior* (Caracas: Lírica Hispana, 1962); *El agua que rodea la isla* (Caracas: Árbol de fuego, l974); *Biografía breve del silencio* (Alcoy: Serreta, 1975); *Archipiélago. (Antología de poesía inédita)* (Valencia: La Buhardilla, 1993); *Hojas para algún día de noviembre* (Valencia: Ayuntamiento de Valencia, 1993); *Nocturnidad y alevosía* (Valencia: Pre-textos, 1993); *Para desconocer la Primavera* (Madrid: Torremozas, 1994); *Días para soñar que hemos vivido* (Castellón: Col. Alcap, 1996); *El mar desde la playa* (Valencia: Capitelum, 1999); *Balneario: La memoria encantada* (Xàbia: Poética 80, 2000); *Casi un poco de nada* (Valencia: Institució Alfons El Magnànim, Diputació de València, 2000).

2. Pino Betancort was born in 1928 and as an infant moved with her family to Aravaca. She studied ballet and opera. Since 1952 she has resided in Las Palmas de Gran Canaria. She has published the following books of poetry: *Manantial de silencio* (Las Palmas: Planas de Poesía, 1951); *Cristal* (Las Palmas: Colección Acero, 1954); *Los caminos perdidos* (Las Palmas: Colección "La fuente que mana y corre," 1962); *Las Moradas Terrestres* (Las Palmas: Planas de Poesía, 1976); *Palabras para un año nuevo* (Madrid: Taller de Ediciones JB, 1977); *Las oscuras violetas* (Las Palmas: Alegranza, 1987); *Los caminos perdidos* (Las Palmas: Alegranza, 1990); *Las playas vacías* (Las Palmas: Viceconsejería de Cultura y Deportes del Gobierno de Canarias, 1991); *Luciérnagas* (Las Palmas: Ágape, 2000); *Las dulces viejas cosas* (Las Palmas: El Museo Canario, "Colección San Borondón," 2001).

WORKS CITED

Beneyto, María. *Achipiélago*. Valencia: La Buhardilla, 1993.

Betancort, Pino. *Las playas vacías*. Las Palmas: Viceconsejería de Cultura y Deportes del Gobierno de Canarias, 1991.

Castellet, José María. *Nueve novísimos poetas españoles.* Barcelona: Seix Barral, 1970.

Cixous, Hélène. "The Laugh of the Medusa." Trans. Keith Cohen and Paula Cohen. *New French Feminisms.* Ed. Elaine Marks and Isabelle Coutivron. Amherst: University of Massachusetts Press, 1980. 245–64.

Chodorow, Nancy. *The Reproduction of Mothering: Psychoanalysis and the Sociology of Gender.* Berkeley: University of California Press, 1978.

Conde, Carmen. *Júbilos.* Murcia: Sudeste, 1934.

———. "Oda al gato Félix." *La Gaceta Literaria.* 15 abril 1929.

Conget, José María. *Viento de cine: El cine en la poesía española de expresión castellana (1990–1999).* Madrid: Hiperion, 2002.

Díaz, Rosa. *Amor perfecto.* Talavera de la Reina: Colección Melibea, 1996.

García Lorca, Federico. *Romancero gitano.* New York: Penguin, 1996.

Genette, Gerard. *Palimsestes: la littérature au second degré.* Paris: Seuil, 1982.

Hermann, Claudine. *The Tongue Snatchers.* Lincoln: University of Nebraska Press, 1989.

Irigaray, Luce. *Ce Sexe qui n'en pas un.* Paris: Minut, 1975.

Kermode, Frank. *The Classic: Literary Images of Permanence and Change.* London: Faber and Faber, 1975.

Kristeva, Julia. *Revolution in Poetic Language.* Trad. Margaret Waller. New York: Columbia University Press, 1984.

Lacaci, Elvira. *Humana voz.* Madrid: Rialp, 1957.

Lauretis, Teresa de. *Alice Doesn't: Feminisms, Semiotics, Cinema.* Bloomington: Indiana University Press, 1984.

Leitch, Thomas. "Twice-Told Tales: Disavowal and the Rhetoric of the Remake." *Dead Ringers: The Remake in Theory and Practice.* Ed. Jennifer Forest and Leonard R. Koos. Albany: State University of New York Press, 2002. 37–62.

Luque, Aurora. *Carpe noctem.* Madrid: Visor, 1994.

Méndez, Concha. *Surtidor.* Madrid: N.p., 1928.

Navales, Ana María. "Ava Gardner en Marylebone." *Viento de cine: El cine en la poesía española de expresión castellana (1990–1999).* Madrid: Hiperion, 2002. 372–73.

Ostriker, Alicia. *Stealing Language: The Emergence of Women's Poetry in America.* Boston: Beacon Press, 1986.

Uceda, Julia. *Extraña juventud.* Madrid: Rialp, 1962.

CHAPTER 11

Venus en el discurso surrealista femenino español

CARMEN GARCÍA DE LA RASILLA

Fundado y creado por hombres, el surrealismo buscó a través del lenguaje irracional de los sueños y del subconsciente la liberación del deseo masculino, proyectando una imagen tradicional de la mujer, concebida bien como virgen, musa o ángel de salvación, o como ser terrible y castrante, identificada a veces con la temible diosa-madre prehistórica, o con animales malignos como la espantosa mantis religiosa, dispuesta a devorar al macho en el momento de la cópula sexual.[1] En esa proyección del deseo masculino la liberación de la mujer o su promoción política o social no parecía tener cabida, a pesar de los objetivos revolucionarios de un movimiento que, paradójicamente, aspiraba con su arte y literatura a "cambiar la vida" (Waldberg 7). Este discurso surrealista de liberación "psico-sexual," consistente en expresar abiertamente el mundo de los deseos, tabúes, y traumas masculinos, contribuyó por el contrario a perpetuar la tradicional misoginia cultural mediante la representación fetichista, fragmentada, y distorsionada de la figura femenina.[2] En términos psicológicos, esta imagen respondería a un mecanismo de defensa del ego masculino amenazado de disolución ante la presencia femenina,[3] un peligro secularmente expresado a través del mito de la mujer perversa, seductora y castrante (Kuenzli 24–25).

Este párrafo introductorio nos sitúa directamente ante la problemática de la participación femenina en el surrealismo y ante las contradicciones surgidas de dos tendencias u objetivos encontrados: por un lado la objetivación de la imagen de la mujer como resultado del deseo masculino, y por otro la necesidad por parte de las artistas

surrealistas de conseguir un reconocimiento a su participación como
sujetos activos dentro del movimiento y a su autonomía y libertad de creación.[4] El problema residía principalmente en inventar, partiendo de un
código de expresión ya establecido, un nuevo lenguaje que, siguiendo
los preceptos surrealistas, pudiera a su vez dar respuesta y expresión a
un mundo femenino marginalizado. Así, las artistas y escritoras surrealistas se insertaron dentro del discurso construido por André Breton en
sus manifiestos, pero al mismo tiempo desarrollaron su propia forma
de expresión, ampliando ese mismo discurso con los temas y preocupaciones propios de una visión femenina y proto-feminista, y reclamando
un papel creativo y activo para la mujer dentro del movimiento (Raaberg
1–9). Si bien la mayoría de las mujeres que intervinieron como artistas
en el surrealismo llegaron a él de la mano de sus compañeros, a título de
amigas, amantes, o esposas, y establecieron al principio de sus carreras
un fructífero dialogismo con las obras de sus mentores, desarrollarían
sin embargo con el tiempo su propio lenguaje simbólico y mitológico,
más apropiado a la expresión de su naturaleza femenina, e incluso lle-
garían a subvertir, en muchos casos mediante la burla o la parodia, los
presupuestos de ese mismo discurso estético surrealista masculino con
el que construyeron sus obras (Suleiman, "Double Margin" 148–72).

Como en otros países del ámbito occidental, la expansión de la
prensa popular destinada al consumo de las clases urbanas media y tra-
bajadora en la España de principios de siglo aumentó las posibilidades
profesionales para la mujer escritora, pero el ámbito de la cultura vanguardista quedaría, en cambio, reservado para una élite intelectual y
artística de la que las mujeres estaban casi excluidas (Davis 109). Sin embargo, y quizá precisamente por eso, las pocas escritoras y artistas que
participaron en la vanguardia son por su rareza bien conocidas, y así los
nombres de Ernestina de Champourcín, Concha Méndez, María Teresa
León, María Zambrano, Remedios Varo, Maruja Mallo, o Rosa Chacel,
entre otros, resultan familiares para los estudiosos de las artes y las letras españolas del siglo XX. La mayor parte de estas mujeres, asociadas
por lazos sentimentales o de tutelaje intelectual a los grandes escritores
y artistas del momento,[5] adoptó en principio el discurso vanguardista

de la época, promovido desde los provocativos manifiestos artísticos y literarios lanzados en esos años, y canonizado por Ortega y Gasset en su ensayo "La deshumanización del arte" (1925).

En "¿Masculino o femenino?" Ortega y Gasset destaca como un hecho de su época el predominio de los valores masculinos, lo que explicaría el culto a la belleza de los atletas o de los automóviles, las maneras rudas adoptadas por la sociedad en detrimento de la etiqueta femenina, e incluso la aceptación por parte de la mujer de una imagen masculina que la llevaría, por ejemplo, a tratar de ocultar sus pechos, ostentosamente exhibidos en el siglo anterior. El cuerpo femenino seguiría pues sometido y mediatizado, a pesar de los reclamos liberadores del momento, pero ahora no por las restricciones culturales tradicionalmente impuestas sino por los imperativos de una modernidad de carácter masculino que conectaría paradójicamente con el espíritu patriarcalista de siempre. Dentro de ese proceso de masculinización, el sentimentalismo, considerado típicamente femenino, también se descartaría como un lastre del que la poesía y el arte vanguardistas debían liberarse ("La deshumanización" 371). Pese a ello, tanto el magisterio de Ortega y Gasset como los valores anti-femeninos vanguardistas, y especialmente la imagen surrealista de la mujer como reclamo mítico-erótico, serían cuestionados y ridiculizados en el discurso que en torno a la figura femenina construyeron Chacel, Mallo, y Varo, como veremos a continuación.

La reciente teoría y crítica de la cultura ha puesto de manifiesto la importancia discursiva del cuerpo por su simbolismo emblemático de la lucha contra el sometimiento social al facilitar la reflexión sobre las fuerzas de la represión socio-cultural[6] e ilustrar al mismo tiempo la interconexión de los cuerpos textuales (Scarlett 6). En este sentido, la violenta representación del cuerpo femenino en el arte y la literatura vanguardistas podría ser estudiado, según señala Suleiman, como un episodio más del tradicional enfrentamiento edípico entre padre e hijo escenificado sobre el cuerpo pasivo de la madre (Subversive Intent 87). De este modo, la parodia vanguardista de Benjamín Jarnés o de José Díaz Fernández contra los valores burgueses sobre el amor o las conexiones familiares generacionales, expresada mediante la mecanización del sexo y del cuerpo femenino, se insertaría dentro de una larga tradición y no sería muy diferente de la sátira de Quevedo sobre la mujer, identificada con la corrupción y la decadencia (Read 66). El surrealismo, por su parte, trataría el cuerpo femenino con las mismas técnicas aplicadas al *ready made*,[7] consistente en desviar al objeto de su función habitual, pervirtiendo y subvirtiendo su naturaleza (Gauthier 53). La mujer sería así sustraída de su papel tradicionalmente asignado y alejada de su imagen como icono sociocultural mediante un proceso de descodificación y/o desconstrucción que llevaría a resultados chocantes, provocativos, o cuando menos sorprendentes.

En España el debate cultural sobre el erotismo y las relaciones entre los géneros, difundido a través de la *Revista de Occidente*, estaba dominado por un discurso masculino que sancionaba la inferioridad intelectual de la mujer y defendía el orden familiar tradicional. Liderado desde 1923 por las ideas de Ortega y Gasset y de Gregorio Marañón, este debate cultural sobre los sexos no vería la participación femenina hasta 1931 cuando aparece un artículo de Chacel ("Esquema de los problemas prácticos y actuales del amor") en el que refutaba las teorías de George Simmel y Karl Jung sobre la inferioridad intelectual femenina (Mangini 129–30). Paradójicamente, sin embargo, la autora parecía expresar el mismo desprecio del discurso masculino orteguiano hacia ciertos aspectos de la feminización de la mujer. Esta contradicción en cambio, resulta más aparente que real si consideramos su intención última, muy distante de la de su maestro, manifestada en la exposición de esa feminización, precisamente, como reflejo y efecto del mismo fetichismo cultural patriarcalista que pretendía denunciarla.

Si en su primera novela, *Estación. Ida y vuelta* (1930), Chacel parece llevar, de forma casi exhaustiva, a la ficción literaria no sólo la filosofía de Ortega y Gasset y su teoría sobre la novela sino las ideas estéticas de sus compañeros de vanguardia,[8] un análisis más detenido del texto, y en concreto de sus intersecciones entre textualidad y fisicalidad, demuestra que la cuestión no es tan simple, como evidencia el estudio de Scarlett, revelando su desafío al dogma orteguiano.[9] En su construcción narrativa del cuerpo femenino, Chacel parece seguir asimismo los postulados paródico-grotescos propugnados por el surrealismo, pero para poner de manifiesto el tratamiento absurdo, alienante, y perturbador de la figura femenina. En *Estación*, *Ida y vuelta*, encontramos, por ejemplo, violentas sinécdoques fetichistas, como la de la adorada pierna de la bailarina de tango, que absorbe de forma grotesca toda la personalidad del personaje femenino en una abierta crítica a la deformante y mutilante mirada masculina del narrador.[10] Pero además, las diferentes partes del cuerpo de la mujer sufrirán un proceso de cosificación y servirán para personificar de forma metafórica las distintas secciones de la casa, que adquiere de esta manera una impronta fantástica y onírica comparable a la composición de Salvador Dalí, *La cabeza de Mae West, usable como un apartamento surrealista* (1934), ejemplo de construcción paranoica plástica elaborada, como la casa de la novela de Chacel, a partir del delirio interpretativo ocurrido en la mente del personaje. Como bien señala Scarlett, Chacel no sólo utiliza la parodia para desconstruir la idealización tradicional de lo femenino sino que, además desarrolla sus propias tácticas y estrategias femeninas para subvertir el masculinismo dominante de la vanguardia. La presencia recurrente del cuerpo de la mujer y la paralela persistencia de la voz femenina en el relato parecen en este sentido un claro desafío a la apuesta de Ortega y Gasset por una cultura nueva y viril (67–68). Quizá en parte como respuesta al desafío de su discípula, sólo el primer capítulo de la novela vería la luz en *Revista de Occidente* (1927), mientras que su edición completa tendría que esperar aún tres años más, apareciendo al margen del ámbito orteguiano en la Editorial Ulises.

Mallo, otra de esas raras mujeres protagonistas de la vanguardia española,[11] empleará también, como Chacel, las formas y mitos masculinos para subvertirlos mediante la parodia y exponer su artificialidad. Precisamente, la estética deformante de la parodia fue ampliamente utilizada por el surrealismo para derrocar los mitos trascendentales del arte y de la cultura, pero sobre todo fue un arma en las manos de las mujeres que participaron en el movimiento para contravenir la subversión surrealista masculina, y especialmente los nuevos clichés subversivos relacionados con la imagen femenina (Ades 194–96).

Partiendo de la tradición cultural española de lo macabro y lo grotesco, Mallo integra en su pintura los diversos estilos de la modernidad vanguardista unificados por un fondo surrealista que "impregnará toda su actividad: su atuendo y su conversación, sus temas y sus sueños" (Gándara 24). Como apunta Inmaculada de la Fuente, Mallo fue una surrealista en su vida y en su obra y formó parte integral, pero "invisible" por su condición de mujer y la jerarquización masculina del momento, de ese cuarteto surrealista integrado además por Dalí, Federico García Lorca y Luis Buñuel (448–51). Tanto Rafael Alberti como Vicente Aleixandre[12] adoptaron en su poesía las poderosas imágenes de los cuadros de Mallo: muertos vivientes, esqueletos desmembrados, espantapájaros animados, detritos y basuras urbanas, el mundo del fango y de la fauna del subsuelo. La pintora abrió así una línea tremendista siguiendo la herencia de esa España negra representada por Juan Valdés Leal, Francisco de Goya, o José Gutiérrez Solana, "capaz de pintar las ruinas humanas" (Ferris 155). La relación sentimental entre Mallo y Alberti generó una influencia artístico-literaria mutua muy fructífera que dejó una importante huella en la obra de ambos,[13] aunque sería tardíamente reconocida.[14] "La pintura y la poesía se combinan en los lienzos de Maruja Mallo y en los poemas de Alberti, concentrándose deliberadamente en la suciedad, la decadencia y la muerte, para denunciar a una civilización apática y sin sentido a la que los surrealistas atacaron sin piedad" (Morris 97). El mismo Alberti reconocerá la influencia de la actitud estética transgresora de la pintora en su poesía surrealista, enriquecida con unas imágenes irracionales que le llevaron más allá de su primera poesía purista a explorar el mundo del subconsciente.[15] En su poema "La primera ascensión de Maruja Mallo al subsuelo," el poeta gaditano aconseja a la pintora: "Mira siempre hacia abajo / Nada se te ha perdido en el cielo" (304–5), doblemente alusivo a los objetos que pueblan sus cuadros procedentes de un mundo desechado y semienterrado y a la exploración del subconsciente donde se almacenan también los detritos de nuestra mente. Efectivamente, Mallo seguirá mirando a ese subsuelo, metáfora del subconsciente, para desentrañar las raíces últimas de unos códigos culturales que ella y los surrealistas consideraban injustos y opresivos y se empeñaron en exponer, denunciar y cambiar a través de su arte.[16] En sus *Estampas*, sin embargo, la pintora parece infligir al cuerpo de la mujer las mismas mutilaciones perpetradas por sus compañeros del surrealismo. La figura femenina sería en efecto deformada y violentada por los surrealistas, como demuestra ese "torso de mujer encantadoramente educada" ("torse de femme adorablement poli"), decapitada y sin miembros concebido por Bretón (74) o las imágenes de cuerpos de mujeres mutilados o de órganos cercenados en la poesía de Aleixandre, en el cine de Buñuel, o en los cuadros de Dalí.[17] En un sentido arqueológicocultural sería plausible considerar las Venus fetichistas y sadomasoquistas que pueblan las composiciones surrealistas como una versión modernizada de las diosas madres prehistóricas, terriblemente mutiladas, sin brazos, rostro, ni pies, encarnación de los miedos e impulsos más primitivos del subconsciente, o como la famosa Venus de Milo, de brazos amputados, cuya belleza resulta hipnotizante precisamente por su figura inacabada, provocadora de interpretaciones ilimitadas. La diosa madre tenía el poder de dar la vida y también la potestad de quitarla, inspirando simultáneamente adoración y temor, luego manifestados en rituales violentos en los que se llevaban a cabo castraciones, amputaciones de pechos, y flagelaciones (Paglia 43–44). En este contexto el sadomasoquismo se explicaría como un regreso a esos rituales paganos, y la representación mutilada y fetichista de la mujer en el arte y la literatura vendría a ser una versión modernizada de esa diosa madre o Venus truncada. En sus *Estampas* Mallo reinterpreta y desconstruye esa representación cultural del cuerpo femenino, sirviéndose de la imaginería y de la estética surrealistas. Sus Venus también aparecen grotescamente mutiladas, sin cabeza, sin brazos, o con sus miembros amputados y dispersos, a modo de exvotos religiosos. En una de estas estampas las piernas truncadas nos ofrecen una representación metonímica de la figura femenina, metaforizada además en las copas, el cáliz, y los ángeles en su calidad de diosa. Todos los elementos del mito femenino adorado y temido aparecen reunidos en su *Estampa*, que además incorpora su proceso de construcción como resultado de la mirada masculina, representada por los tres hombrecillos con chisteras situados en el centro del cuadro y que parecen mirar atónitos las piernas de su Venus, tan artificiosa como esa civilización moderna de rascacielos que forma el tejido de fondo del cuadro. En otra de sus *Estampas* la Venus es exhibida contra un escenario de piezas mecánicas y musicales, destacando de nuevo su carácter artificioso. Pero además, a diferencia de las chocantes y terribles imágenes de esas figuras de mujeres mutiladas y violentadas de los cuadros surrealistas, las *Estampas* parecen ofrecer desde una óptica femenina una lectura paródica, desenfadada, lúdica, y burlona que se propone desafiar el terrible mito perpetuado secularmente. Consciente de su concepción femenina del universo y de la necesidad de un nuevo orden,[18] la pintora española propone una curiosa desconstrucción desde una mirada perspicaz y desmitificadora, ofreciendo en sus mismas palabras "signos precursores que determinan formas humanas inéditas de acuerdo con una nueva concepción del universo, universo que reclama un nuevo orden, formas humanas que respondan a la nueva realidad y puedan traducirse en lenguaje" (Mallo 43).

Remedios Varo, por su parte, en sus cuadros reclama para la mujer el papel de sacerdotisa de un conocimiento mágico y misterioso que desborda los límites lógicos y naturales. Representadas dentro de estudios o ambientes medievales donde lo fantástico y lo maravilloso hacen su aparición, estas enigmáticas mujeres desafían las restricciones del mundo lógico para abrir las puertas al sueño y a la imaginación de lo imposible. Educada en una atmósfera católica muy estricta, Varo encontró en el surrealismo la libertad imaginativa que siempre había soñado.[19] Con frecuencia, el sentimiento angustiante de haber sido objeto en su vida de escrutinio y coerción se traduce en sus cuadros en espacios de confinamiento de los que la heroína logra escapar con el poder de su imaginación, rompiendo las leyes físicas y psíquicas de la realidad aparente. En 1937 su cuadro *Deseo*, reproducido en la revista *Minotaure*, marca su adhesión al grupo de Breton y el inicio de una carrera caracterizada por la búsqueda incesante de la libertad. Sin embargo, la expresión del deseo en Varo, como en la mayor parte de las artistas surrealistas, tendría una traducción muy diferente del deseo masculino, de carácter eminentemente erótico y fetichista. Las mujeres surrealistas se verían forzadas a rechazar el lenguaje masculino sobre la sexualidad femenina, o a adaptarlo a sus propios fines, e incluso a intentar crear un discurso que respondiera a las necesidades propias de la experiencia femenina (Chadwick 105). Si bien casi todas abrazaron unánimemente la liberación sexual y la independencia de la mujer,[20] la mayor parte de las surrealistas, a excepción de Leonor Fini, Marie Toyen, y Dorotea Tanning, evitaron la representación abierta de la experiencia sexual femenina adulta.

En su pintura *Recuerdo de la Valquiria* (1938), posiblemente inspirado en *Corset abandonado* (1937) de Toyen, Varo expresa con un lenguaje mítico la liberación femenina de las convenciones sociales opresoras. En el lienzo un corset vacío yace abandonado y en ruinas, rodeado por una muralla de niebla o humo luminoso. El título hace referencia a la leyenda mitológica germana, llevada a la ópera por Richard Wagner en *El anillo de los nibelungos*, y concretamente a la historia de la valquiria Brunilda, castigada por desobedecer a su padre y rebelarse contra el designio de los dioses a convertirse en mortal y a permanecer dormida en las montañas, rodeada por una muralla de fuego que sólo un héroe podría penetrar. En la iconografía del cuadro, el corset vendría a ser una metáfora del secular sometimiento del cuerpo femenino al control de las leyes sociales y culturales, y su vaciedad y abandono, una alusión a la liberación de esas normas que habían esclavizado a la mujer. Fuera del círculo de fuego detectamos parte de la cabeza de una mujer de la que sólo podemos apreciar sus ojos y frente, y cuya presencia extraña y burlona, testimonia la posibilidad de escapar de la prisión preparada por los dioses, invitándonos con su mirada a imitar su huída y rebelión.

Al igual que Mallo, Varo va a producir también su particular versión de la mítica Venus en su cuadro *Visita al cirujano plástico* de 1960, donde el ideal femenino aparece como reclamo publicitario de una clínica de cirugía estética, cuyo lema, "En nuestra gloriosa era plastinaylonítica no hay limitaciones: osadía, buen gusto, elegancia y turgencia," es claramente un comentario irónico del fraudulento comercio médico con el cuerpo femenino, cuyo ideal de belleza parece ser una vez más la versión del deseo erótico masculino, tan artificial como el de esa extraña Venus, imagen de la terrible Artemisa de Efesos, adornada con los pechos amputados de otras mujeres. Varo nos advierte también del peligro castrante de la Venus para la propia mujer, que, subyugada por la belleza de la diosa y por el deseo de alguien que la mira más allá del cuadro, se dispone al sacrificio con la esperanza de alcanzar el paraíso ofrecido por el poder de la belleza femenina.

Rosa Chacel, Maruja Mallo, y Remedios Varo nos enseñan con su obra a establecer una óptica crítica e inconformista, cuestionando las imágenes recibidas de la cultura masculina, y reclamando la feminización de los instrumentos de percepción y conocimiento, como ponen de manifiesto los quevedos coquetos con pestañas rizadas del cuadro de Varo *Ojos sobre la mesa* (1935). Enfrentándose al principio masculinista orteguiano de la cultura moderna, Chacel hace de la mujer la condición *sine qua non* de toda circunstancia, mientras Mallo desconstruye con sus *Estampas* el artificio del mito fetichista de la figura femenina, y Varo investiga el peligro que la Venus entraña para la propia mujer, invitándonos a cuestionar nuestros ideales de belleza. Tanto el texto narrativo de Chacel como las imágenes analizadas de los cuadros de Mallo y Varo nos muestran cómo, sirviéndose del mundo onírico, pesadillesco y mítico del surrealismo, estas tres mujeres ventriloquizaron hábilmente la expresión masculina para distorsionarla y proporcionar una visión alternativa de sus paradigmas, preparando el camino del discurso femenino del siglo XX.

NOTAS

1. Para la conexión de la mantis religiosa con la mujer terrible y el miedo a la castración masculina, ver: Salvador Dalí, *El mito trágico de "El Angelus" de Millet* (Barcelona: Tusquets Editores, 1998).

2. Robert Belton, en "Edgar Allan Poe and the Surrealists' Image of Women" (*Women's Art Journal* 8 [Spring–Summer 1987]: 8–12) destaca la influencia de Edgar Allan Poe en el tratamiento sadomasoquista y misógino de la figura femenina en el surrealismo.

3. "Desire of the mother-goddess thus signifies both the life of the one to come and one's own death. This is why nearly all myths in which men enter the mother-goddess to explore the underworld were understood as metaphors of the little death or loss of reason presumed to be the result of male orgasm." Robert Belton, "André Masson's Earth-Mothers in Their Cultural Context," *RACAR: Revue d'art canadienne / Canadian Art Review* 15 (1988): 54.

4. Entre los estudios más informativos sobre las mujeres y el surrealismo podemos destacar los siguientes: Mary Ann Caws, Rudolf E. Kuenzli, y Gwen Raaberg, eds., *Surrealism and Women* (Cambridge, Mass.: MIT Press, 1993); Gloria Feman Orenstein, "Reclaiming the Great Mother: A Feminist Journey to Madness and Back in Search of a Goddess Heritage," *Symposium* 36.1 (Spring 1982): 45–70, y "Women of Surrealism," *Feminist Art Journal* 2.2 (Spring 1973): 1, 15–21; "La Femme surréaliste," special issue of *Obliques* 14–15 (1977); Jacqueline Chéniewx, *Le Surréalism et le roman* (Lausanne: L'Age d'Homme, 1983); Renée Riese Hubert, "Surrealist Women Painters, Feminist Portraits," *Dada/Surrealism* 13 (1984): 70–82; y Whitney Chadwick, *Women Artists and the Surrealist Movement* (New York: Thames and Hudson, 1985).

5. Ernestina de Champourcín (1905–1991) estaba casada con el poeta José Juan Domenchina; Concha Méndez (1898–1986) estaba casada con el escritor Manuel Altolaguirre; Maruja Mallo (1902–1995) estuvo sentimentalmente envuelta con el poeta Rafael Alberti antes de que éste se casara con María Teresa León; Remedios Varo (1908–1963) se incorporó al surrealismo francés de la mano de quien se convertiría en su segundo marido, Benjamin Péret; por su parte, María Zambrano y Rosa Chacel iniciaron sus andaduras intelectuales bajo el tutelaje del filósofo José Ortega y Gasset.

6. Entre algunos de los escritos que se han ocupado del cuerpo como instrumento transmisor de valores culturales relevantes a la literatura española cabe citar los siguientes: Paul Julian Smith, *The Body Hispanic* (1989); Malcolm Read, *Visions in Exile* (1990); Nina Molinaro, *Foucault, Feminism, and Power: Reading Esther Tusquet* (1991); y Mary Gossy, *Untold Story: Women and Theory in Golden Age Texts* (1989).

7. La "revolución surrealista del objeto" originaría el *ready-made*, un objeto que, al ser desviado de su contexto, finalidad o propósito inicial, cuestionaría su misma naturaleza y generaría perturbación y ansiedad en el espectador.

8. "Chacel herself states that her aim was to make Orteguian philosophy the plot or protagonist of her first novel. . . . Ana Rodríguez Fischer outlines some of the Orteguian ideas that make their presence known: the narrator's *razón vital*, the rational sense intrinsic to the individual that guides her or him along unpredictable pathways in life, [and] is in a continual process of exposition. . . . The interiority of the protagonist never dissolves, although he is presented as absorbed in his surrounding circumstances; life (and the novel) is a pathway determined by the choice and realization of a personal destiny. Rodríguez Fischer also finds that formally the novel is compatible with Ortega's literary aesthetics as expressed in *Ideas sobre la novela* because of the aforementioned interior monologue, perspectivism, and narration of events taking place within the imagined soul rather than outside of it. Shirley Mangini describes more ways that Ortega's description of the avant-garde became a dictum for Chacel in the writing of the novel: her avoidance of concretizing characters and her creation of a Doppelgänger effect to achieve ambiguity in the character's interpersonal relations, making his interior climate the only certainty for the reader.

Furthermore, Mangini traces connections to some other currents in contemporaneous Spanish literature: the prevalence of *grueguerías* much like those concocted by Gómez de la Serna . . . and the influence of pure poetry as aspired to by the poets of the 1927 group in the irrational metaphors, which often personify objects or include elements of violence" (Scarlett 53–54).

9. En su libro Chacel hace preceder la historia propia de la novela con una autobiografía espiritual que establece su voz autorial y guía al lector en su lectura del texto, desafiando claramente el dogma orteguiano que proponía la separación entre autor, lector, y personaje o trama. Aprovechando también las tácticas narrativas vanguardistas, interrumpe el hilo de la historia mediante digresiones filosóficas y metaficcionales en las que la voz del narrador protagonista se confunde con la de la autora narradora, cruzando y borrando claramente los límites de la diferencia entre masculino/femenino tan claramente establecidos por Ortega (Scarlett 57–58).

10. "Lo llenó todo aquella pantorrilla. Lo pervirtió todo, nos pervirtió a todos. Estaba tan bien educada, tan bien informada. Sabía tanto de tenis como de tango. Con tacón, sin tacón, con media de seda, con media de lana. Eclipsaba la personalidad de su dueña. Es más: eclipsaba la de su compañera. Era una pantorrilla sola la que estaba en todo. La que saludaba a la gente, la que ofrecía pastas. Esa muchacha tiene el pretexto de su pantorrilla. Ella no es gran cosa; pero su pantorrilla, no cabe duda, está bien" (*Estación. Ida y vuelta* 122).

11. En 1928, cuando Mallo apenas contaba 18 años de edad, celebra su primera exhibición de pintura en los salones de la *Revista de Occidente*. Uno de los vanguardistas que asistió al evento, Ramón Gómez de la Serna, explica que Ortega y Gasset la había consentido entrar en su Olimpo porque se había dado cuenta de que era "una aportación positiva de los tiempos nuevos" (Mallo 8).

12. Entre los poemas de Alberti escritos entre 1928 y 1931 a modo de comentarios ekfrásticos de la pintura de Mallo, destaca el de "Espantapájaros," algunos de cuyos versos ("¿Qué gritan y defienden esos trajes retorcidos por las exhalaciones?") parecen directamente inspirados por el patetismo y el simbolismo onírico-surrealista del cuadro del mismo título de Mallo, que tanto impresionó a los surrealistas franceses, y especialmente a Breton, quien incluso llegó a adquirirlo tras su exhibición en París de 1932 (Morris 94–97).

13. "Ambos, pintora y poeta, atravesaban, al final de los años veinte, un periodo de intensa actividad creadora que no se puede entender sin la sostenida interacción intelectual y artística que llevaron a cabo. Se expresaron en medios o disciplinas distintas, pero con tal correspondencia que la obra poética de Alberti podía ser una transcripción de las pinturas de Mallo" (Ferris 97).

14. "Este reconocimiento tardío coincide con la aparición de Mallo en *La arboleda perdida* a partir de 1978. Hasta entonces Maruja Mallo había sido borrada de la biografía de Alberti por presiones de María Teresa León. La esposa del poeta no consentía que se nombrara a Mallo. Sin embargo, hasta poco antes de conocer a María Teresa, Alberti y Mallo mantenían

proyectos comunes: además de encargarse del decorado de *La pájara pinta*, que quedó en suspenso, Maruja realizó las Estampas—inspiradas en motivos cinematográficos—para los poemas de Alberti reunidos en *Yo era un tonto y lo que he visto me ha hecho dos tontos*, que primero aparecieron en *La Gaceta Literaria* y más tarde recogidos en un libro, aunque ya sin los originales de Mallo" (Fuente 456).

15. "A mí me habían quedado ya muy lejos mis canciones de *Marinero en tierra*, *La amante* y *El alba del alhelí*. . . . De la mano de Maruja recorrí tantas veces aquellas galerías subterráneas, aquellas realidades antes no vistas, que ella, de manera genial, comenzó a revelar en sus lienzos" (Alberti, *La arboleda perdida* 38).

16. La actitud combativa de Mallo aparece muy clara en sus pinturas populares de verbenas en las que el juego festivo se tiñe de irreverencia y sarcasmo ante el orden establecido y se parodian las jerarquías terrenales y espirituales.

17. Esta atracción de los escritores y pintores españoles por los aspectos macabros y grotescos del arte surrealista entroncaría además con una larga tradición cultural hispánica que incluiría una prolífica iconografía martirológica de contenido religioso, en la que las mutilaciones y tormentos de las santas mártires cobraron especial relieve.

18. En su interpretación del cuadro *La mujer de la cabra*, María Soledad Fernández de Utrera señala cómo la pintora presenta una nueva mujer independiente, libre, activa, y en control de sí misma, rompiendo el rol pasivo y dependiente tradicionalmente reservado para ella (Fernández de Utrera 182–87).

19. En sus años de estudiante en la Real Academia de Bellas Artes de Madrid, la joven pintora había entrado en contacto con el mundo surreal, fantástico, excéntrico, y grotesco de los sueños de El Bosco y de las pesadillas de Goya, e inmediatamente sintió la conexión con el surrealismo cuando el movimiento comenzó a difundirse en España a principios de los años veinte (Kaplan 11–33).

20. Las pintoras surrealistas, conscientes de su papel revolucionario, representaron un mundo femenino alejado de la vida convencional y de los papeles domésticos establecidos, visualizando la maternidad como un estado psíquico de alienación y de pérdida de autonomía o como una experiencia físicamente devastadora (Chadwick 131–34).

OBRAS CITADAS

Ades, Dawn. "Surrealism, Male-Female." *Surrealism: Desire Unbound*. Ed. Jennifer Mundy. Princeton, N.J.: Princeton University Press, 2002. 171–202.

Alberti, Rafael. *La arboleda perdida*. Madrid: Alianza Editorial, 2002.

———. "La primera ascensión de Maruja Mallo al subsuelo." *La Gaceta Literaria*. 61 (Madrid, 1 de Julio de 1929).

Belton, Robert. "André Masson's Earth-Mothers in Their Cultural Context." *RACAR: Revue d'art canadienne / Canadian Art Review* 15 (1988): 51–57.

————. "Edgar Allan Poe and the Surrealists' Image of Women." *Woman's Art Journal* 8 (Spring–Summer 1987): 8–12.

Breton, André. "Poisson soluble." *Manifestes du surréalisme*. Paris: J.-J. Pauvert, 1962.

Chacel, Rosa. "Esquema de los problemas prácticos y actuales del amor." *Revista de Occidente* 92 (1931): 129–80.

————. *Estación. Ida y vuelta*. Madrid: Ediciones Cátedra, 1989.

Chadwick, Whitney. *Women Artists and the Surrealist Movement*. New York: Thames and Hudson, 1985.

Chéniewx, Jacqueline. *Le Surréalism et le roman*. Lausanne: L'Age d'Homme, 1983.

Davis, Catherine. *Spanish Women's Writing, 1849–1996*. London: Athlone Press, 1998.

Fernández de Utrera, María Soledad. *Visiones de estereoscopio. Paradigma de hibridación en el arte y la narrativa de la vanguardia española*. Chapel Hill: University of North Carolina Press, 2001.

Ferris, José Luis. *Maruja Mallo: La gran transgresora del 27*. Madrid: Temas de hoy, 2004.

Fuente, Inmaculada de la. *Mujeres de la posguerra*. Barcelona: Editorial Planeta, 2002.

Gándara, Consuelo de la. *Maruja Mallo*. Madrid: Servicio de Publicaciones del Ministerio de Educación y Ciencia, 1978.

Gauthier, Xavière. *Surréalisme et sexualité*. Paris: Gallimard, 1971.

Gossy. Mary S. *The Untold Story: Women and Theory in Golden Age Texts*. Ann Arbor: University of Michigan Press, 1989.

Hubert, Renée Riese. "Surrealist Women Painters, Feminist Portraits," *Dada/Surrealism* 13 (1984): 70–82.

Kaplan, Janet. *Remedios Varo: Unexpected Journeys*. New York: Abbeville Press, 2000.

Kuenzli, Rudolf. "Surrealism and Misogyny." *Surrealism and Women*. Ed. Mary Ann Caws, Rudolf Kuenzli, and Gwen Raaberg. Cambridge, Mass.: MIT Press, 1993. 17–26.

Mallo, Maruja. *Maruja Mallo. 59 grabados en negro y 9 láminas en color, 1928–1942*. Buenos Aires: Editorial Losada, 1942.

Mangini, Shirley. "Woman, Eros, and Culture: The Essays of Rosa Chacel." *Spanish Women Writers and the Essay*. Ed. Kathleen M. Glenn and Mercedes Mazquiarán de Rodríguez. Columbia: University of Missouri Press, 1998. 127–43.

Molinaro, Nina. *Foucault, Feminism, and Power: Reading Esther Tusquets*. Lewisburg, Pa.: Bucknell University Press, 1991.

Morris, Brian Cyril. *El Surrealismo y España*. Madrid: Espasa Calpe, 2000.

Orenstein, Gloria Feman. "Reclaiming the Great Mother: A Feminist Journey to Madness and Back in Search of a Goddess Heritage," *Symposium* 36.1 (Spring 1982): 45–70.

———. "Women of Surrealism," *Feminist Art Journal* 2.2 (Spring 1973): 1, 15–21.

Ortega y Gasset, José. "La deshumanización del arte." 1925. *Obras Completas*, vol. 3 Madrid: Revista de Occidente, 1957. 353–86.

———. "¿Masculino o femenino?" *Obras Completas*, vol. 3 Madrid: Revista de Occidente, 1957. 471–75.

Paglia, Camille. *Sexual Personae*. New York: Vintage Books, 1991.

Raaberg, Gwen. "The Problematics of Women and Surrealism." *Surrealism and Women*. Ed. Mary Ann Caws, Rudolf Kuenzli, and Gwen Raaberg. Cambridge, Mass.: MIT Press, 1993. 1–10.

Read, Malcolm K. *Visions in Exile: The Body in Spanish Literature and Linguistics, 1500–1800*. Amsterdam: J. Benjamins, 1990.

Scarlett, Elizabeth A. *Under Construction: The Body in Spanish Novels*. Charlottesville: University Press of Virginia, 1994.

Smith, Paul Julian. *The Body Hispanic: Gender and Sexuality in Spanish and Spanish-American Literature*. Oxford: Oxford University Press, 1989.

Suleiman, Susan Rubin. "A Double Margin: Reflections on Women Writers and the Avant- Garde in France." *Yale French Studies* 75 (1988): 148–72.

———. *Subversive Intent: Gender, Politics, and the Avant-Garde*. Cambridge, Mass.: Harvard University Press, 1990.

Waldberg, Patrick. *Surrealism*. New York: Thames and Hudson, 1997.

CHAPTER 12

El falo

Fascinación y repulsión en tres relatos de Marina Mayoral

MAYTE DE LAMA

To show, write, or talk about the penis creates the potential to demystify it and thus decenter it. Indeed, the awe surrounding the penis in a patriarchal culture depends on either keeping it hidden from sight (as we see, for example, the classical cinema does) or carefully regulating its representation (as the pornographic film does).

PETER LEHMAN, Running Scared: Masculinity and the Representation of the Male Body (1993)

Siglo tras siglo, el placer visual parecía haber sido creado por y para los hombres; piénsese en Las tres Gracias de Rubens, La maja desnuda de Goya, y cualquier otra proposición, decente o indecente, que los directores de películas de corte erótico, o incluso pornográfico, han optado por presentar al público. Asimismo, mientras el cuerpo femenino se mantenía al alcance de todas las miradas, el masculino sabía arreglárselas para privarnos de sus secretos, detalle certero que Rosalind Coward recoge en Female Desires: How They Are Sought, Bought, and Packaged: "Nobody seems to have noticed that men's bodies have quietly absented themselves. Somewhere along the line, men have managed to keep out of the glare, escaping from the relentless activity of sexual definitions. In spite of the ideology which would have us believe that women's sexuality is an enigma, it is in reality men's bodies, men's sexuality which is the true 'dark continent' of this society (227)."

Las palabras de Coward sirven para justificar el predominio de imágenes que ofrecen desnudos femeninos y, a la vez, explicar la escasez de los masculinos, carencia a la que varias escritoras contemporáneas han decidido poner remedio. Desvelando los recovecos ocultos de los misteriosos cuerpos masculinos, captando la mirada femenina que se regocija ante la visión del miembro viril, y exhibiendo la fascinación suscitada por la belleza corporal, total o parcial, del hombre, se subsana la falta anterior y se saca a la luz lo que durante tantos años ha permanecido en la penumbra o en la oscuridad. Además de aprovechar estas fórmulas, mediante la destrucción de mitos arcaicos y la erradicación de valores obsoletos, las autoras implantan nuevos modos de ser mujer que ya auguraba Simone de Beauvoir.

Una mayor presencia de asuntos eróticos y humorísticos se encuentra en algunas de las obras más recientes de la escritora gallega Marina Mayoral: *Recuerda, cuerpo* (1998) y *La sombra del ángel* (2000). En la primera de ellas, la contraportada anuncia ser un "[r]ecuerdo de los deseos colmados, de los cuerpos amados y que nos amaron y también de los imposibles; el deseo que hizo brillar unos ojos, que hizo temblar una voz." Pero, además de esto, en varios relatos de la colección incluso se le rinde protagonismo al falo por ser éste el atributo que encierra la esencia de la masculinidad. Con el propósito de demostrar dicha manifestación, el presente estudio abarcará, bajo una mirada regida por parámetros feministas, el tratamiento de tres de los doce relatos que integran *Recuerda, cuerpo:* "La belleza del ébano," "El dardo de oro," y "Antes que el tiempo muera."

La protagonista del primero de ellos, "La belleza del ébano," es Teresa, una mujer divorciada que llama a una agencia de contactos para que le envíen a un acompañante. Aparece Pierre, o Marcel para las clientas, un hombre negro, apuesto, y culto. Comienzan a charlar y acaban acostándose. Sus encuentros se vuelven asiduos cuando Teresa le ofrece ayuda intelectual y económica para que él concluya su tesis. A cambio de esto, Pierre/Marcel se vuelca en cuerpo y alma para complacerla sexualmente como nadie antes había hecho. Al final, todo se resuelve satisfactoriamente: él retorna a África y cada mes le envía un cheque con pequeñas cantidades para devolverle el dinero prestado. A estas alturas, Javier, el ex-marido de Teresa, regresa a su lado y, sorprendido, descubre que

ella se ha transformado en una mujer más segura y experimentada.
La incorporación de algún personaje llamativo y singular, bien por
el color de su piel, bien por las características asociadas a su raza, añade
ciertas pinceladas eróticas que se emplean con asiduidad en la literatura
y en el cine. Sin duda alguna, la belleza de Abindarráez en *El Abencerraje*
y de los personajes moros en *Don Quijote* o el atractivo de actores "exóti-
cos" como Rudolph Valentino, Yul Brynner u otros, sirven para atestiguar
semejante afirmación.[1] A la vista está que los rasgos diferenciadores de
Pierre/Marcel facilitan el encumbramiento del mismo en la única escena
erótica del relato, donde las reflexiones de la protagonista no logran res-
tarle sensualidad:

> Atónita, lo vio quitarse la ropa despacio, con movimientos que eran
> una incitación a la caricia. Sintió sus manos, sus labios, su lengua des-
> nudando y recorriendo su cuerpo. Se quedó sin aliento y sin ideas. Y las
> recuperó de golpe cuando lo vio erguirse desnudo por completo frente
> a ella. Pensó: va a follarme un negro. Y después, o quizá antes, o quizá
> simultáneamente, pensó que aquel negro era lo más bello que había
> visto en su vida. Se arrodilló ante él, rodeó con sus brazos las piernas
> poderosas, las caderas estrechas, las nalgas duras y fuertes y, segun-
> dos antes de que sus labios rozasen la piel oscura y caliente, de que su
> boca se abriese para acoger la erguida y palpitante columna, de que su
> lengua lamiese la tersa y suavísima corola, tuvo tiempo de pensar: lo
> más hermoso que veré nunca. (178–79)

En este fragmento, la exquisitez de la expresión se alía con la hermosura de las formas, ensalzando el cuerpo masculino y provocando
el simultáneo deslumbramiento de la mujer. La protagonista nos hace
partícipes de sus avances en los preámbulos amatorios, en los que el
gigoló es su objeto de placer. La tensión va aumentando y la acción se
ve intensificada y agilizada por numerosos verbos que conducen a la
vorágine pasional. El cuerpo masculino se eleva a su máxima perfección
y las manos, los labios, la lengua, los brazos, las piernas, las caderas, las
nalgas, y el pene, o sea "la columna y su corola," se convierten en objeto
de admiración.

Otro aspecto a tener en cuenta es el indicado por Laura Mulvey, quien afirma que en el ámbito cinematográfico el espectador suele identificarse con la mirada del protagonista masculino, el que proyecta su mirada sobre aquello que le gusta (del cuerpo femenino) y crea la fantasía de su posesión (20). Mediante la inversión de esta técnica cinematográfica, Mayoral conduce a sus lectores/as al goce de placeres antes prohibidos para las mujeres, como el disfrute y la cosificación que ellas hacen de Pierre/Marcel a través de la mirada deseosa de la protagonista, y es que, como ya observa Margaret Jones con respecto a la novelística femenina, "en los libros recientes, el amor se reemplaza por el placer, el interés propio y la satisfacción de hacer lo prohibido" (133).

En el contexto tradicional la mujer era la receptora de miradas masculinas que la convertían en objeto de deseo, pero en la ficción mayoraliana las oposiciones binarias de sujeto/objeto se trastocan al invertirse los roles del emisor-receptor y del binomio tradicional, en el que el sujeto es masculino y el objeto, femenino. Esta asociación tan (ab)usada en la literatura y en los medios publicitarios hace mella en la extendida creencia que cuestiona la capacidad femenina a la hora de separar el amor del erotismo; no obstante, la actitud de Teresa demuestra lo contrario, ya que incide en las características popularmente asociadas con la raza negra, como el impresionante bulto de la pernera y "los labios carnosos, grandes" que contrasta con los "finos y duros de Javier" (178). Explica Anne McClintock que "[t]he association of black people and sexuality goes back to the Middle Ages: sexuality itself had long been called 'the African sin,' and black men on colonial maps were frequently represented with exaggeratedly long penises" (113). Bien se puede apreciar que esta clase de creencias aún sigue vigente, y para corroborar semejante afirmación es suficiente con atender a las palabras de Elvira. Aunque el presente trabajo no abarca el análisis de *La sombra del ángel*, sí debe hacerse mención a Elvira, una de las protagonistas, puesto que esta mujer también parece ser clienta del gigoló: "Y yo [Elvira] conté lo de Marcel, lo más grande que he visto en mi vida, qué tamaño y qué negra, y tú dijiste 'caballo grande, ande o no ande'" (112). La admiración que el miembro viril de este personaje despierta en ambas mujeres, Teresa y

Elvira, logra capturar la trascendencia que las proporciones anatómicas ejercen en su valoración del gigoló. Asimismo, el lector, seducido o no por las diferencias de Pierre/Marcel, es copartícipe de las impresiones del erotismo exótico y tierno que la protagonista manifiesta ante "la belleza del ébano." Es importante destacar que este relato contradice la idea extraída del estudio "Characteristics of Erotic Brief Fiction by Women in Spain," donde Janet Pérez afirma que el énfasis en el tamaño de los genitales no aparece en los cuentos que la investigadora recoge, y entre los que se incluye uno de Mayoral (192).[2]

Pero el tema del pene aún da más de sí, y esto resulta evidente en "El dardo de oro," un relato donde se explora desde una mirada retrospectiva el encuentro amoroso que Ena, la protagonista, tuvo hace ya quince años con un hombre que navegaba en un velero. Ésta fue la única ocasión en la que Ena engañó a su marido, infidelidad que trastoca su vida y que la anima a separarse de él. Siguiendo las pautas empleadas en el cuento anterior, se vuelve a detallar la descripción anatómica con expresiones delicadas y llenas de belleza: "No había sentido temor ni vergüenza, había acariciado su sexo como se acarician las cosas hermosas, los tulipanes aún cerrados, los capullos de rosal cubiertos de gotas de rocío. Pero no era frágil como una flor sino duro y firme y caliente como un dardo de oro" (97–98). En estas páginas, Mayoral recurre al mundo floral, lleno de elementos bellos y naturales, y, de nuevo, resalta la transformación del pene delicado en miembro firme. Si en "La belleza del ébano" el pene se veía como una "erguida y palpitante columna," ahora se percibe como "un dardo de oro." La narradora advierte, sin embargo, que no se trata de una parte endeble, como pudiera dar a entender por la expresión empleada, sino que es "duro y firme y caliente." La presentación de estos tres adjetivos unidos por la conjunción "y" aumenta la sensación acumulativa y la exaltación de la descripción para reflejar el estado de la protagonista antecedente del éxtasis final.

Las impresiones anteriores difieren enormemente de las que Ena había recibido al ver el miembro viril de su marido por primera vez: "Desde la primera noche le había dado miedo aquella especie de animal que de entre la maraña de pelo crespo del pubis levantaba de pronto una cabeza pelada, rojiza, sin ojos y con una pequeña boca húmeda. Le recordaba a las lampreas, una lamprea que se colaba en su cuerpo y le daba escalofríos" (97). La metáfora de la lamprea conduce a la ridiculización y a la caricaturización del atributo masculino como un bicho poco agraciado. Además, debe añadirse que la ocurrente identificación de estos dos elementos y la calculada descripción sirven de detonante para la risa maliciosa. La forma alargada de la lamprea y del falo permite la equiparación de ambos, asimilación que también se ve reforzada por la propiedad de este pez para adherirse a peñas y rocas como el pene se une a la vagina de la protagonista. Se origina una parodia con la animalización del pene y su comparación con una lamprea, constatando así un efecto de "cuerpo grotesco" que pierde su poder de seducción. Mediante un retrato poco agraciado del órgano sexual masculino se llega a una inversión en el sujeto tradicional que motiva la ruptura y la parodia de la percepción del cuerpo femenino como grotesco.[3] Con la burlesca animalización del pene, el órgano que según Freud causa la envidia femenina, se origina la desmitificación de las ideologías que han surgido en torno a la supremacía de éste, e incluso se produce lo que Eva Legido-Quigley recoge sobre las creaciones de Cristina Peri Rossi, obras que "trastocan esta concepción falocéntrica del psicoanálisis freudiano donde el discurso institucionaliza la superioridad del hombre a través del pene, ya que en ellas, el falo (como órgano y como símbolo) pierde la preponderancia" (533).

Una descripción similar, cuyo contenido también ataca la preponderancia del pene, se encuentra en "Antes que el tiempo muera," cuento en el que Carmiña, empleada de la practicante doña Sofi, expresa, como lesbiana que es, su desagrado hacia el órgano sexual masculino:

> —Y no me gustó nada, doña Sofi. Lo de los hombres. No sé qué le encuentran. Cuando está blando es talmente un pescuezo de pavo desplumado, todo lleno de pellejos. . . .
> —Pues cuando está duro echa por la punta un moco y entonces es igual que una anguila de las que salen por el rego de Currecás.
> Carmiña torció la cara en un gesto de asco.
> —¡No meto yo aquello en la boca por cuanto hay en este mundo! (85–86)

En esta ocasión la anguila y el pescuezo de pavo sirven de referencia comparativa para ofrecer un retrato del órgano erecto y del flácido, provocando así la burla y el desprecio del miembro viril. En este ejemplo ya no se percibe el miedo patente que surgía de las palabras de Ena en el relato anterior, sino que ahora el énfasis estriba en las impresiones irrisorias de Carmiña sobre el pene y su equiparación con animales comestibles y comunes a través de los que se desmitifica y se destrona al sexo masculino, el grupo tradicionalmente privilegiado. Merece destacarse que la orientación sexual de Carmiña y doña Sofi impide un acercamiento al miembro viril que Ena no puede evitar, ya que ella debe cumplir con sus obligaciones maritales.

En un estudio sobre la distinta apreciación e interpretación de los chistes según el sexo, Carol Mitchell ha señalado que se encuentran tres categorías que prevalecen entre las mujeres: los chistes relacionados con la experiencia femenina, los que demuestran violencia hacia el sexo contrario, y los groseros o repulsivos que presentan al hombre como un ser asqueroso (317). Al proyectar las conclusiones de Mitchell en el corpus humorístico femenino, se puede afirmar que tanto los hombres como las mujeres se regocijan con las experiencias particulares de su grupo y las arremetidas contra el sexo contrario. Para ilustrar estas ideas, sirva de muestra la risa femenina que brota con la graciosa y sincera exclamación empleada por Carmiña para manifestar su repugnancia ante la idea de tener que introducir el miembro viril en la boca.

Siguiendo diferentes caminos, tanto Teresa como Ena, al igual que Carmiña, llegan a comprender sus propias necesidades y carencias e impiden ser avasalladas por limitaciones fundadas con modelos de comportamiento ya bosquejados y obsoletos. En sus impresiones, el falo se describe como un órgano aterrador o deseable; la atracción hacia éste revela un profundo fetichismo por parte del ser femenino que se manifiesta en una obsesión por el pene, sus proporciones, y la deseada erección.

En esencia, la oscilación de sentimientos —fascinación y repulsión— y la ambivalencia provocada por el falo aparecen reflejadas en estos tres relatos, en los que también se protagoniza el destrono del pene a través de la superación de viejos tabúes y miedos ficticios que han sido creados única y exclusivamente con el propósito de mantener la supremacía masculina y fálica. Sin lugar a dudas, con el (re)descubrimiento del falo, Mayoral también se suma a la propuesta que la escritora Marjorie Agosín presenta con arrojo en su poema "Pene:"[4]

> Y tanto se ha escrito sobre los senos
> senos como colina
> senos de agua
> senos donde se hará la primavera
> y ahora
> lancémonos al pene
> pene como arruga
> pene como cabeza inclinada
> pene haciendo la reverencia
> ante la magia de una ranura.
>
> Pene sacudido de orines
> cansado de tanta salida y despedida
> pene como una presa al horno
> o una sopa de pollos pelados.
>
> ¿Y ahora entenderán por qué es tiempo
> de cambiar el disco?

NOTAS

1. A modo ilustrativo, y en relación con el tema del erotismo exótico merece la pena incorporar la cita de un fragmento de la revista *Holiday* (mayo de 1962) que Jaime Cárdenas incluye en su artículo "Brusque and Exotic: Anthony Quinn, National Identity, and Masculinity, 1951–1966" sobre el actor en cuestión: "This beautiful creature, with the body of a matador, the voice of a ruffian, the face of an Aztec Indian, is the finest character actor in the movies today" (181). Podemos observar que la descripción metafórica está cargada de clichés y, más que presentar un fidedigno retrato del actor, expone una lista marcada por tópicos que algunas personas asocian con los hispanos. Algo semejante ocurre en el cuento "La belleza del ébano," donde aparecen características asociadas con la raza de Pierre/Marcel.

2. Janet Pérez analiza las características eróticas de los ocho cuentos recopilados en la colección *Relatos eróticos* (1990) pertenecientes a Mercedes Abad (la única autora de la que

se recogen dos relatos), Susana Constante, Paloma Díaz-Mas, Marina Mayoral ("En los parques, al anochecer"), Lourdes Ortiz, Ana Rossetti, y Esther Tusquets. Sus conclusiones son pertinentes en cuanto a la comparación entre estos relatos pero no entre las respectivas obras de cada escritora.

3. Se puede consultar el artículo "Female Grotesques: Carnival and Theory," de Mary Russo, para profundizar en el tema del cuerpo femenino visto como grotesco.

4. El poema no está incluido en ninguna obra de Mayoral, pero su incorporación a este estudio se debe al afán que la escritora chileno-estadounidense Marjorie Agosín presenta en la promoción de comentarios, discursos, y textos sobre el pene, y que Mayoral también refleja en *Recuerda, cuerpo y La sombra del ángel*.

OBRAS CITADAS

Agosín, Marjorie. "Pene." *Nosotras: Latina Literature Today*. Ed. María del Carmen Boza, Beverly Silva, and Carmen Valle. Binghamton, N.Y.: Bilingual Review, 1986. 58.

Cárdenas, Jaime, Jr. "Brusque and Exotic: Anthony Quinn, National Identity, and Masculinity, 1951–1966." *Southern Quarterly* 39.4 (2001): 175–88.

Coward, Rosalind. *Female Desires: How They Are Sought, Bought, and Packaged*. New York: Grove, 1985.

Jones, Margaret E. W. "Del compromiso al egoísmo: la metamorfosis de la protagonista en la novelística femenina de postguerra." *Novelistas femeninas de la postguerra española*. Ed. Janet W. Pérez. Madrid: José Porrúa Turanzas, 1983. 125–34.

Legido-Quigley, Eva. "Cuestionamiento sobre la preponderancia del falo en la narrativa de Cristina Peri Rossi." *Romance Languages Annual* 8 (1996): 532–38.

Lehman, Peter. *Running Scared: Masculinity and the Representation of the Male Body*. Philadelphia: Temple University Press, 1993.

Mayoral, Marina: "Antes que el tiempo muera." *Recuerda, cuerpo*. Madrid: Alfaguara, 1998. 73–89.

———. "La belleza del ébano." *Recuerda, cuerpo*. Madrid: Alfaguara, 1998. 167–84.

———. "El dardo de oro." *Recuerda, cuerpo*. Madrid: Alfaguara, 1998. 91–105.

———. *La sombra del ángel*. Madrid: Alfaguara, 2000.

McClintock, Anne. *Imperial Leather: Race, Gender, and Sexuality in the Colonial Contest*. New York: Routledge, 1995.

Mitchell, Carol A. "The Sexual Perspective in the Appreciation and Interpretation of Jokes." *Western Folklore* 36.4 (1977): 303–29.

Mulvey, Laura. *Visual and Other Pleasures*. Bloomington: Indiana University Press, 1989.

Pérez, Janet. "Characteristics of Erotic Brief Fiction by Women in Spain." *Revista Monográfica* 7 (1991): 173–95.

Russo, Mary. "Female Grotesques: Carnival and Theory." *Feminist Studies: Critical Studies.* Ed. Teresa de Lauretis. Bloomington: Indiana University Press, 1986. 213–29.

CONTRIBUTORS

Julia Carroll — Department of Spanish and Portuguese, Emory University

Caryn Connelly — Department of Spanish and Portuguese, University of Minnesota

Katherine Ford — Department of Spanish and Portuguese, Emory University

Yvonne Fuentes — Department of Foreign Languages and Literatures, Louisiana State University, Baton Rouge

Carmen García de la Rasilla — Department of Languages, Literatures, and Cultures, University of New Hampshire

Mónica Jato — Department of Foreign Languages and Literatures, University of North Texas

Mayte de Lama — Department of Foreign Languages, Elon University

Marina Mayoral — Departamento de Filología Hispánica, Universidad Complutense, Madrid

Vilma Navarro-Daniels — Department of Foreign Languages and Cultures, Washington State University

Margaret R. Parker — Department of Foreign Languages and Literatures, Louisiana State University, Baton Rouge

Amy Robinson — Department of Romance Languages, Bowling Green State University

Contributors

Alison N. Tatum-Davis   Department of Modern Languages and Literatures, Goucher College

George Antony Thomas   Department of Spanish and Portuguese, Emory University

Sharon Keefe Ugalde   Department of Modern Languages, Texas State University

Lynn Walford   Department of Foreign Languages, Louisiana State University, Shreveport